„Schneeriese" von Susan Kreller

Bei der Erarbeitung einer Lektüre ist es wichtig, dass du das Lesen im Voraus gut planst. In der Prüfung ist die Lektüre die Grundlage für **Aufgaben zum Leseverstehen** und eine kürzere **Schreibaufgabe**. Deshalb musst du den **Inhalt des Buchs**, also **die Figuren** und **die Handlung**, sehr genau kennen. Dies kannst du sicherstellen, indem du schon vor dem Lesen einige Punkte beachtest und auch währenddessen bzw. nach der Lektüre verschiedene Strategien anwendest.

Vor dem Lesen

- Lies den **Klappentext** des Buches.
- Lies und bearbeite einzelne **Zitate** aus dem Buch, um dich mit der Sprache und der Art des Schreibens vertraut zu machen. (→ siehe Zitaten-Teppich, S. 5–7)
- Finde heraus, welche **Themen** im Buch behandelt werden.
- Finde heraus, wer die **Hauptpersonen** sind und überlege dir, welche Informationen du im Verlauf der Lektüre zu ihnen sammeln willst (z. B. mithilfe der Vorlagen für Steckbriefe, siehe S. 11–13).
- Lies die Zusammenfassung zum Märchen **„Die Schneekönigin"** und bearbeite die Aufgaben dazu (siehe S. 8–10).

Während des Lesens

- Sieh vor jedem Kapitel im Arbeitsheft nach, auf welche Dinge du beim Lesen **besonders achten** musst.
- Markiere **wichtige Textstellen** im Buch.
- Trage Informationen zu den Hauptpersonen in die **Steckbriefe** ein.
- Frage nach, wenn du **Wörter** oder Textpassagen **nicht verstehst**.

Nach einzelnen Abschnitten

- Bearbeite die Aufgaben zu den **einzelnen Kapiteln**.
- Löse die Aufgaben zur **Lese-Etappe**.
- Bearbeite die **Schreibaufgaben** nach jeder Lese-Etappe. Sie bereiten dich bereits auf die Schreibaufgaben zur Ganzschrift in der Abschlussprüfung vor.
- **Kontrolliere** immer gründlich, ob du alle Aufgaben bearbeitet und den Inhalt der jeweiligen Kapitel verstanden hast.

Wenn du das ganze Buch gelesen hast

- Überprüfe, ob du noch genau weißt, **was nacheinander passiert**.
- Stelle sicher, dass du alle wichtigen **Informationen zu den Personen** kennst.
- Prüfe, ob du die **Personen und ihr Verhalten** erklären kannst.
- Finde heraus, ob du die **Beziehung der Personen zueinander** beschreiben kannst. Nutze dazu auch die **Checkliste** auf Seite 57.
- Mache dir nochmals klar, welche **Textarten** du schreiben können musst (z. B. **Brief, Tagebucheintrag, innerer Monolog**).
- Lies den **Sachtext zur Großwüchsigkeit** (S. 59/60) und bearbeite die Aufgaben dazu.
- Bearbeite die **Aufgaben im Stil der Abschlussprüfung** ganz am Ende des Arbeitsheftes.

2 SCHNEERIESE

A Vor dem Lesen: Vorwissen aktivieren und aufbauen

Der Klappentext

> Seit er denken kann, lebt der 14-jährige Adrian neben Stella Maraun, die fast nicht lispelt und die beste Freundin ist, die er je hatte.
> Auf der Hollywoodschaukel zwischen ihren Häusern haben sie ihre Kindheit verbracht, Märchen gelesen, heißen Kakao getrunken.
> Im Gegensatz zu Adrians Mutter kümmert es Stella nicht, dass Adrian wächst und wächst – 2,07 m soll er werden! – und sie nennt ihn liebevoll Einsneunzig, obwohl auch das schon nicht mehr stimmt.
> Doch als Datos Familie in das leer stehende, geschichtenumwobene Dreitotenhaus nebenan einzieht, entspinnt sich zwischen Stella und Dato eine zarte Liebesgeschichte.
> Adrian muss den ersten furchtbaren Liebeskummer überleben – und vielleicht trotzdem schaffen, Stellas Freund zu bleiben.

1 a Welche drei Vornamen werden im Klappentext genannt? Unterstreiche die Namen im Text.

   b Welche Aussage trifft auf welche Figur zu? Trage jeweils den richtigen Namen in den Kasten ein.

	Er ist 14 Jahre alt und wohnt schon immer neben Stella.
	Ihr ist es egal, dass Adrian so groß ist.
	Er zieht mit seiner Familie ins Dreitotenhaus.
	Er ist sehr groß und soll mal bis zu 2,07 m groß werden.
	Sie ist Adrians beste Freundin.
	Sie nennt Adrian liebevoll Einsneunzig.
	Er und Stella verlieben sich ineinander.
	Er ist zwar Stellas bester Freund, aber auch in sie verliebt.
	Er hat furchtbaren Liebeskummer.
	Sie lispelt ein wenig.

Vor dem Lesen: Vorwissen aktivieren und aufbauen

2 a Welche Angaben zur Wohnsituation von Adrian, Stella und Dato findest du im Klappentext? Kreuze alle richtigen Aussagen an.

- ☐ Die Häuser von Stella und Adrian stehen direkt nebeneinander.
- ☐ Die Häuser stehen in Hollywood.
- ☐ Stella und Adrian sind Nachbarn.
- ☐ Zwischen Adrians Haus und Stellas Haus steht eine Hollywoodschaukel.
- ☐ Neben Stellas und Adrians Haus steht ein Haus, das Dreitotenhaus genannt wird.
- ☐ Eine neue Familie zieht in der Nachbarschaft ein.
- ☐ Stella zieht aus dem Nachbarhaus weg.

b Im Klappentext werden verschiedene Sorgen bzw. „Probleme", die einzelne Figuren haben, angesprochen. Verbinde den Namen jeder Figur mit dem zu ihr passenden „Problem".

Adrians Mutter	Liebeskummer
Adrian	Angst vor weiterem Wachstum des Sohnes
Stella	Großwüchsigkeit
Adrian	Lispeln

c Was erfährt man über die Hollywoodschaukel, die im Klappentext erwähnt wird? Kreuze entsprechend an.

	richtig	falsch	könnte sein
Adrian und Stella haben als Kinder viel Zeit auf der Hollywoodschaukel verbracht.	☐	☐	☐
Die Hollywoodschaukel steht zwischen den Häusern von Adrian und Stella.	☐	☐	☐
Die Hollywoodschaukel gehört Stellas Familie.	☐	☐	☐
Adrian und Stella haben die Schaukel erst als Jugendliche für sich entdeckt.	☐	☐	☐
Auf der Schaukel haben die beiden als Kinder Kakao getrunken.	☐	☐	☐
Sie waren auch auf der Schaukel, wenn es draußen kalt war.	☐	☐	☐

4 SCHNEERIESE

Vermutungen zu Zitaten aus dem Buch

3 a Lies das Zitat langsam und gründlich durch. Welche spontanen Gedanken hast du dazu? Welche Fragen wirft das Zitat auf? Notiere deine Gedanken und Fragen zum Zitat in den Gedankenblasen. Zwei Fragen sind schon vorgegeben.

„Stell es dir so vor, würde er sagen, falls jemand auf einer Beschreibung bestünde [...]. Stell dir das Meer vor, würde er sagen [...]. Denk dir das Wasser hell und nur am Saum nächtlich blau, komm, denk es dir warm und zerzaust [...]. So, würde er sagen, [...] und kein bisschen anders sind die Augen von Stella Maraun." (S. 9)

Wer ist „er"?
Wer ist damit gemeint?

Ist „er" in Stella verliebt, weil er ihre Augen so beschreibt?

b Sprecht nun in der Gruppe über eure Gedanken und Ideen zum Zitat. Verwendet dazu die folgenden Satzanfänge, um eure Überlegungen in Worte zu fassen.

Man erfährt, dass...

Das erinnert mich an...

Ich frage mich,...

Ich vermute, dass...

Ich könnte mir vorstellen, dass...

Vor dem Lesen: Vorwissen aktivieren und aufbauen

4 Auf den Seiten 5–7 findest du Zitate aus dem Buch „Schneeriese". Die folgende Aufgabe ist als Gruppenarbeit gedacht, du kannst sie aber auch alleine bearbeiten, indem du dir eines oder mehrere Zitate vornimmst und jeweils Schritt 2 ausführst.

Nachdem sich jeder von euch mit einem Zitat beschäftigt hat, könnt ihr die Zitate als „Zitaten-Teppich" präsentieren. Geht dazu folgendermaßen vor:

 Teilt die Zitate unter euch auf, sodass **jeder** aus der Klasse **ein Zitat** bekommt (es können je nach Schülerzahl auch Zitate übrig bleiben).

 Lies das dir zugeteilte Zitat gründlich durch. **Überlege** z. B.:
- Welche Informationen zur Handlung erhältst du bereits durch diese wenigen Worte/Sätze?
- Werden Personen oder Handlungsorte genannt? Welche Hinweise bekommt der Leser dazu?
- Welche Fragen kann man sich stellen?
→ Schreibe auf, welche Informationen zur Handlung allein aus deinem Zitat ablesbar sind.

 Bildet **Gruppen** zu 3 Personen. Lest euch eure Zitate der Reihe nach laut vor und berichtet den anderen, was man aus eurem Zitat erfahren kann.

 Verteilt euch im Klassenzimmer. Geht langsam umher und lest dabei den **fettgedruckten Teil eures Zitats** leise vor, sprecht ihn vor euch hin.
- Übt den Text so lange, bis ihr ihn gut vorlesen könnt.
- Bleibt stehen, wenn euer Lehrer „Stopp" sagt oder ein Signal ertönt.
- Euer Lehrer sagt nun die Nummer des Zitats, das gerade dran ist. Der Schüler bzw. die Schülerin, die dieses Zitat hat, liest den fettgedruckten Teil des Zitats der ganzen Klasse vor.

 Besprecht, wie die Zitate in der **Gesamtheit** („Zitaten-Teppich") auf euch gewirkt haben.

Zitate aus „Schneeriese"

ZITAT 1
„Einsneunzig, sagte die Stimme am Telefon. Einsneunzig, du musst jetzt ganz wach sein. [...] Stella. Was gibt's? **Es geht los, Einsneunzig, sagte Stella. Und du gehst jetzt auch los, zieh dir was drüber, schöne Grüße und bloß keine Widerrede!"**
(S. 10)

ZITAT 2
„Alles in Ordnung bei dir?, fragte Adrian, stieg aus dem Bett und wankte zum Fenster [...]. **Jemand zieht vor meinen Augen ins Dreitotenhaus, sagte Stella vergnügt und fast lispellos. Komm auf der Stelle her, hier stimmt was nicht, da stinkt was gewaltig!"**
(S. 10)

ZITAT 3
„**Stella Maraun hätte aus Uruguay anrufen können** oder von einem neuerdings bewohnten Planeten, sie hätte sich von jedem beliebigen Flecken Erde oder Weltall bei ihm melden können, vollkommen gleich, **Adrian wäre losgerannt**, hätte im Gehen eine Jacke vom Haken gerissen, wäre sich mit der Rechten einmal wild durchs Haar gefahren, um dann ins nächstbeste Flugzeug oder Raumschiff zu springen **und in weniger als fünf Minuten bei Stella zu sein."**
(S. 10/11)

ZITAT 4
„Dass Stella seine Nachbarin war und nur ein paar Atemzüge von ihm entfernt wohnte, machte die Angelegenheit allerdings deutlich komplizierter. Adrian sah an sich herunter und begriff augenblicklich, dass er so auf keinen Fall zu Stella gehen konnte, nicht mal dann, wenn er sich etwas drüberzog. **Er trug einen auffallend jämmerlichen Schlafanzug, der aus Baumwolle und dunkelblau und an sich nicht schlecht war, auch wenn vorn auf der Brust Bugs Bunny angetrunken grinste.** Kein Problem, wirklich, Bugs Bunny hätte er mit Leichtigkeit verdecken können." (S. 11)

Zitat 5

„Ein gerichtstauglicher Beweis für die Jämmerlichkeit von Adrians Schlafanzug war hingegen, dass die Hosenbeine knöchellang gemeint waren, ihrem Träger aber höchstens bis zur halben Wade reichten und sich von Tag zu Tag weiter nach oben arbeiteten. **Jämmerlich waren auch die Ärmel, die den größten Teil von Adrians Unterarmen preisgaben** […]." (S. 11)

Zitat 6

„Das Schlimme war, dass Adrian nichts gegen diese Schlafanzüge tun konnte, und das Gute, dass er auch gar nichts tun wollte. Denn jeder Schlafanzug, der nicht nach fünf Monaten entsorgt werden musste, war ein Triumph für Adrians Mutter. **Dass der Sohn noch seine alten Schlafanzüge trug, hieß ja, dass er in letzter Zeit nicht gewachsen und vorläufig nicht großwüchsig war, kein Stück.**" (S. 11/12)

Zitat 7

„Es war wirklich eine gute Sache. Die immer noch getragenen Schlafanzüge beruhigten Adrians Mutter, wenn auch immer nur für kurze Zeit. **Sie lenkten sie manchmal sogar von geschwänzten Arztterminen ab** und von *Waldlands großen Größen* und ganz besonders **von dem besorgniserregenden Tatbestand, dass ihr Sohn zwei oder sieben Etagen höher als der Rest seiner Altersgenossen war.**" (S. 12)

Zitat 8

„Es war so. Wenn man von ein paar unbedeutenden Unterbrechungen absah, konnte man getrost behaupten, dass **Adrian und Stella hier draußen aufgewachsen waren, genau an diesem Ort, auf dieser Terrasse, die die Häuser von Adrians und Stellas Familie im ersten Stock miteinander verband wie eine vollkommen lebensnotwendige Brücke. Und eigentlich konnte man sogar noch genauer werden und sagen, dass es die rostige Hollywoodschaukel in der Mitte der Terrasse war, auf der Adrian und Stella groß geworden waren**, oder mittelgroß, je nachdem. (S. 12/13)

Zitat 9

„Misses Elderly, die Stellas Großmutter war und in Wahrheit einen leicht anderen Namen trug, Misses Elderly hatte den beiden früher immer wieder die „Schneekönigin" vorgelesen und jedes Mal befunden, dass Adrian und Stella tausendmal besser dran seien als Kay und Gerda, denn die hätten schließlich nur eine große Dachrinne gehabt, um sich zu treffen, keine gemeinsame Terrasse und schon gar keine uralte quietschende Schaukel mit äußerst geschmackvollen Decken darauf." (S. 13)

Zitat 10

„Er spürte, dass seine eiskalten Füße nur noch wenige Sekunden zu leben hatten, und schlüpfte endlich in **die dunkle Küche der Marauns**, deren Glastür ebenfalls unverriegelt war, man wusste ja nie. **Adrian kannte diese Küche in- und auswendig und bewegte sich sogar im Dunkeln gekonnt an den Möbeln vorbei, tastete sich zur Tür und ging von dort aus ins Treppenhaus.**" (S. 13/14)

Zitat 11

Adrian erkannte Stellas Umrisse vorm Fenster. Sie kniete feierlich auf einer Fußbank und stützte die Ellenbogen auf dem Fensterbrett ab, als würde sie gerade beten. In Wahrheit blickte sie aber nur mit einem Fernglas nach unten und sagte, ohne sich auch nur für einen winzigen Augenblick umzudrehen: *World Financial Center*, verstummte dann und **konzentrierte sich wieder auf das Dreitotenhaus, das sich auf der anderen Straßenseite angeblich verdächtig benahm.** (S. 14/15)

Zitat 12

„**Nur falls du's vergessen hast, du bist der weltweit höchste Junge, Einsneunzig. Adrian kniff Stella in den Arm, und Stella, die seit ein paar Jahren die größten und längsten Sachen aller Zeiten für ihn auswendig lernte, die „großwüchsigen Dinge", Stella kniff zurück** […]." (S. 15)

Zitat 13

„**Adrian sah Stella an, die wieder reglos und mit leicht zitterndem Fernglas zum Dreitotenhaus blickte, dann wandte er sich ab und schaute ebenfalls nach unten, den Kleintransporter mit der abgeblätterten Aufschrift konnte man auch ohne Fernrohr erkennen.**" (S. 16)

Zitat 14

„**Das Dreitotenhaus war immer schon eine hochgefährliche Angelegenheit gewesen, auch wenn es auf den ersten Blick eher harmlos aussah.** […] Aber es hatte auch eine düstere Eingangstür aus uraltem Holz, ein etwas löchriges Dach und dann auch noch die schlechte Angewohnheit, seine Bewohner zu ermorden." (S. 16)

Zitat 15

„Genauso war es nämlich. Innerhalb von sechs Jahren hatte das Haus drei Menschen verschluckt, zuerst einen Biologielehrer, der einen grundlosen Herzinfarkt bekam, später, als neue Leute eingezogen waren, **eine ältere Frau, die außerplanmäßig und für immer von der Leiter fiel, und zum Schluss noch eine Bankangestellte, die sich eine Blutvergiftung zugezogen hatte.** Das alles konnte kein Zufall sein, auf dem Dreitotenhaus lag ein einwandfreier Fluch, darüber war man sich im ganzen Ort einig." (S. 16/17)

Vor dem Lesen: Vorwissen aktivieren und aufbauen

Zitat 16
„Sieh sie dir an, sagte Stella aufgeregt. Die ziehen da wirklich ein! Adrian nahm das Fernglas, das Stella ihm reichte, und sah einige nächtliche Personen, die sich über den glitschigen Bürgersteig kämpften und Kartons ins Haus schleppten, Grünpflanzen, Stehlampen." (S. 17)

Zitat 17
„Adrian sah eine dunkelhaarige Frau, die ein Mädchen trug, fünf oder sechs Jahre alt und dick eingepackt. Die Kleine hatte ihre Arme um den Hals der Frau geschlungen und schien zu schlafen, zumindest bewegte sie sich nicht. Es war ein merkwürdiger Anblick. Die Szene sah auf traurige Weise geheim aus, für kein Auge dieser Welt bestimmt, und **Adrian konnte sich nicht vorstellen, was Menschen dazu bringen konnte, ihren Umzug auf die Nachtstunden zu verlegen**." (S. 17/18)

Zitat 18
„Einsneunzig. Als ein paar Leute vor einem Jahr in der Schule angefangen hatten, ihm diesen Namen hinterherzurufen, weil irgendwer seine genaue Größe herausgefunden hatte, da war Stella auf die Idee gekommen, Adrian zu Hause auch so zu nennen, **damit es gar nicht erst wehtat. Damit es nichts als ein Name war. Damit es nichts war**." (S. 18)

Zitat 19
„Einzig **Misses Elderly**, die aber sowieso ein Faible für künstliche Namen hatte, **war sofort damit einverstanden gewesen, Adrian umzubenennen**. Und dabei war es dann auch geblieben, **für Stella und ihre Großmutter hieß Adrian nur noch Einsneunzig**. Stella hatte ihn nie wieder anders angesprochen, seit einem Jahr nicht, und wer weiß, wahrscheinlich konnte man sagen, dass genau das – zusammen mit den großwüchsigen Dingen – Stellas Art war, Adrian mitzuteilen, dass er in Ordnung und kein Freak war, keine große Sache." (S. 19)

Zitat 20
„Und Adrian, er mochte diesen Gedanken, ja. Aber da war noch etwas anderes, das ihm gefiel. **Der Name Einsneunzig täuschte nämlich geschickt darüber hinweg, dass Adrian im letzten Jahr schon wieder vier Zentimeter gewachsen war**." (S. 19)

Zitat 21
„**Misses Elderly hatte früher mal Schnapsideen und ein leichtes Alkoholproblem gehabt**, auch wenn sie gern betonte, dass nur dann ein Problem vorgelegen hätte, wenn gar kein Alkohol im Haus war. Irgendwann musste Misses Elderly aber herausgefunden haben, dass es im Leben mehr zu suchen gab als immer neue Verstecke für Schnapsflaschen. **Keiner wusste, was genau passiert war, aber seitdem rührte sie keinen einzigen Tropfen Alkohol mehr an und färbte sich stattdessen die Haare rot, qualmte ununterbrochen Vanillezigaretten und hatte das ungewöhnliche Hobby, immer genau zu verstehen, was gemeint war**." (S. 20)

Zitat 22
„Aber was, wenn das nicht alles ist? Wenn du noch aus einem anderen Grund hier bist? **Adrian fühlte den warmen Klumpen in seiner Brust, er konnte nichts tun gegen diese kleinen Hoffnungen, die sich sagenhaft gut anfühlten und entsetzlich zugleich, er kannte das schon, diesen Knall, der irgendwann kam**, diese verfluchten Explosionen, nach denen sich die Klumpen jedes Mal in reinstes Nichts auflösten, ja, Adrian kannte das alles zur Genüge, nicht schon wieder, bitte. Was für ein Grund soll das sein?, fragte er so beiläufig wie möglich [...]" (S. 20/21)

Zitat 23
„Also, flüsterte Stella geheimnisvoll und sehr feierlich. Also. Es ist nämlich so. **Der Grund, warum ich dich aus dem Bett geklingelt habe, ist, dass wir es nicht mehr mit dem Dreitotenhaus zu tun haben!** Haben wir nicht?, fragte Adrian und fühlte seine Hoffnung zerfallen, alles, was jetzt kam, konnte auf keinen Fall mit ihm zu tun haben. Nein, sagte Stella. **Was du da siehst, das ist nichts anderes als das ... Viertotenhaus!** Wie bitte?, fragte Adrian. Was? So schnell ist jemand gestorben? **Das ist rekordverdächtig!**" (S. 21)

Zitat 24
„Seine Nachbarin sah ihn an, lächelte nicht und sagte leise und unglaublich langsam: **Hier muss keiner mehr sterben, dafür haben die gesorgt. Die haben ihren Toten mitgebracht.** Was? Wie ich es sage. Mitgebracht. Lieferung frei Haus. Und als du mich vorhin angerufen hast ... **Ja, sagte Stella, da haben sie den Toten ins Haus getragen, auf einer echten Bahre. Verstehst du?**" (S. 22)

Zitat 25
„Klar, was sollte ich da nicht verstehen! Und Adrian sah in die kalte Nacht, die von schwach beleuchteten, unergründlichen Menschen bevölkert war, räusperte sich eine Spur zu laut und sagte schließlich: **Was gibt es da nicht zu verstehen? Wir wohnen jetzt neben einer Leiche**." (S. 22)

Das Märchen „Die Schneekönigin" (Zusammenfassung)

Vor langer Zeit erschuf der Teufel einen Spiegel, der alles Liebenswerte und Schöne, das sich darin spiegelte, verzerrte und entstellte. Das Böse wurde durch den Spiegel hingegen gut dargestellt. Eines Tages entglitt dem Teufel der Spiegel. Er fiel auf die Erde und zersprang in tausend Stücke. Den Menschen, die von einem Splitter des Spiegels ins Herz getroffen wurden, fror das Herz ein – es wurde zu einem Eisklumpen. Diejenigen, die einen Splitter ins Auge bekamen, sahen fortan alles um sich herum hässlich und böse.

Die Nachbarskinder Kay und Gerda leben in einer großen Stadt in zwei gegenüberliegenden Dachkammern, die durch eine Regenrinne miteinander verbunden sind. Die Kinder stehen sich so nahe wie Geschwister und im Sommer gibt es nichts Schöneres für sie, als miteinander in der gemeinsamen Dachrinne unter den Rosenbüschen zu spielen. An einem Sommertag trifft Kay ein Splitter des Zauberspiegels mitten ins Herz und ein zweiter direkt ins Auge. Kays Herz wird dadurch zu einem Eisklumpen und er nimmt fortan alles Schöne als hässlich wahr. So beginnt er, die Rosen abzureißen, weil sie schief wachsen oder wurmig sind und verspottet sogar die liebliche Gerda. Im Laufe der Zeit entfremdet er sich immer mehr von Gerda. Im darauffolgenden Winter begegnet Kay beim Schlittenfahren der Schneekönigin, die ihn fasziniert. Er bindet seinen Schlitten an ihren und wird schließlich von der Schneekönigin entführt.

Als Kay nicht zurückkehrt, weint die kleine Gerda sehr viel und lange. Im Frühling zieht sie schließlich los, um nach ihrem Freund zu suchen. Sie gelangt auf dem Weg zu einer guten Zauberin, einer alten Frau, die in einem Häuschen mit einem Garten voll prächtiger Sommerblumen lebt. Da die Frau einsam ist, macht sie, dass Gerda ihre Suche nach Kay vergisst und so verbringt das Mädchen die Sommermonate glücklich im Garten der Frau. Erst im Spätherbst, als sie eine Rose erblickt, erinnert sie sich wieder an Kay und zieht weiter.

Auf der Suche nach Kay kommt Gerda schließlich an ein Schloss. Sie glaubt, dass Kay inzwischen eine Prinzessin geheiratet habe und mit ihr in dem Schloss wohne. Es stellt sich aber heraus, dass der Prinz nicht Kay ist. Gerda erzählt daraufhin der Prinzessin und dem Prinzen ihre ganze Geschichte. Diese sind so gerührt, dass sie Gerda edle Kleidung, Schuhe und eine goldene Kutsche mit Bediensteten geben, damit sie weiter nach Kay suchen kann.

Im Wald wird die Kutsche jedoch von Räubern überfallen und alle Bediensteten werden getötet. Nur Gerda bleibt verschont, damit die Tochter der Räuber eine Spielgefährtin hat. Obwohl die Räubertochter grob und wild ist, lässt sie sich von Gerdas Geschichte erweichen. Zwei Tauben berichten schließlich, dass sie Kay gesehen haben und dass er in Lappland bei der Schneekönigin sei. Die Räubertochter lässt Gerda ziehen, gibt ihr ein Rentier und schickt sie gemeinsam Richtung Norden.

Auf dem Weg trifft Gerda zunächst eine Lappin und anschließend eine Finnin, die ihr helfen, das Schloss der Schneekönigin zu finden. Als sie mit ihrem Rentier das Schloss erreicht, muss Gerda allein weitergehen. Sie betritt die großen, kühlen Hallen des Schlosses und sieht schließlich Kay in der Mitte des größten Raumes sitzen. Dieser erkennt Gerda allerdings nicht. Gerda beginnt heiße Tränen zu weinen, die auf Kays Brust fallen, in sein Herz dringen und den Eisklumpen darin zum Schmelzen bringen. Schließlich beginnt auch Kay zu weinen und die Tränen spülen den Splitter aus seinem Auge. Jetzt erkennt er Gerda und ist überglücklich, sie zu sehen. Gemeinsam verlassen sie das Schloss der Schneekönigin und machen sich auf den Heimweg. Als sie in ihrer Dachkammer ankommen, ist es Sommer, die Rosen blühen und alles ist noch beim Alten, nur dass die beiden inzwischen erwachsen geworden sind.

Aufgaben zum Märchen „Die Schneekönigin"

Das Märchen „Die Schneekönigin" wird in der Ganzschrift immer wieder erwähnt. Es stammt von dem Dänen **Hans Christian Andersen**, der für seine traurigen Märchen bekannt ist. Und es ist eines der Märchen, die Stella und Adrian auf der Hollywoodschaukel vorgelesen wurden. Adrian vergleicht Stellas Verhalten und seine eigene Situation oft mit dem Märchen.

5 Lies die Zusammenfassung des Märchens „Die Schneekönigin" aufmerksam durch. Achte beim Lesen auf Parallelen zwischen dem, was du schon über Adrians Situation weißt (z. B. aus dem Klappentext oder den Zitaten) und dem Märchen.

6 a Welche Themen kommen sowohl im Märchen „Die Schneekönigin" als auch im Buch „Schneeriese" vor? Kreise Zutreffendes ein.

- enge Freundschaft der beiden Kinder
- aus Kindern werden Jugendliche / Erwachsene
- Happy End für beide Kinder
- Bangen / Kämpfen um die Freundschaft
- Kinder wohnen nebeneinander
- einer von beiden wendet sich jemand anderem zu
- zwei Kinder im gleichen Alter
- Kinder haben die gleichen Namen
- Freundschaft gerät ins Wanken

b In einigen Punkten gibt es deutliche Parallelen zwischen dem Märchen und dem Buch. Vergleiche die Situation im Buch mit der im Märchen und ergänze die folgende Tabelle.

Gerda und Kay		Stella und Adrian
	Wohnsituation	Stella und Adrian wohnen nebeneinander und verbringen in ihrer Kindheit viel Zeit auf der Terrasse, die ihre Häuser verbindet.
Sie sind Nachbarn und Freunde und fühlen sich wie Geschwister.	**ursprüngliches Verhältnis**	

Gerda und Kay		Stella und Adrian
	Grund für den Bruch in der Beziehung	Datos Familie zieht in das Haus gegenüber ein. Stella verliebt sich in Dato und es kommt zu einem Bruch in der Freundschaft zu Adrian.
Kay ist von der Schneekönigin fasziniert, bindet seinen Schlitten an ihren und wird von ihr entführt.	**andere Figur, der sich Kay bzw. Stella zuwenden**	

7 Vergleiche den letzten Satz des Klappentextes mit dem Ende des Märchens. Welches Ende hört sich nach einem Happy End an, welches eher nicht? Begründe deine Vermutung.

___
___
___
___
___
___

B Während des Lesens: Personen beschreiben, Themen verstehen

Beim Lesen des Buchs solltest du dir **Notizen** zum Inhalt und zu den einzelnen Figuren machen. Die spätere Arbeit fällt dir dadurch ganz bestimmt leichter.

Bearbeite die folgenden Aufgaben möglichst beim Lesen des Romans, also **Stück für Stück**.

8 Lege zu den Figuren des Romans **Steckbriefe/Figurenplakate** bzw. Informationsspeicher an. Diese Informationen könnte man z. B. herausfinden und notieren:

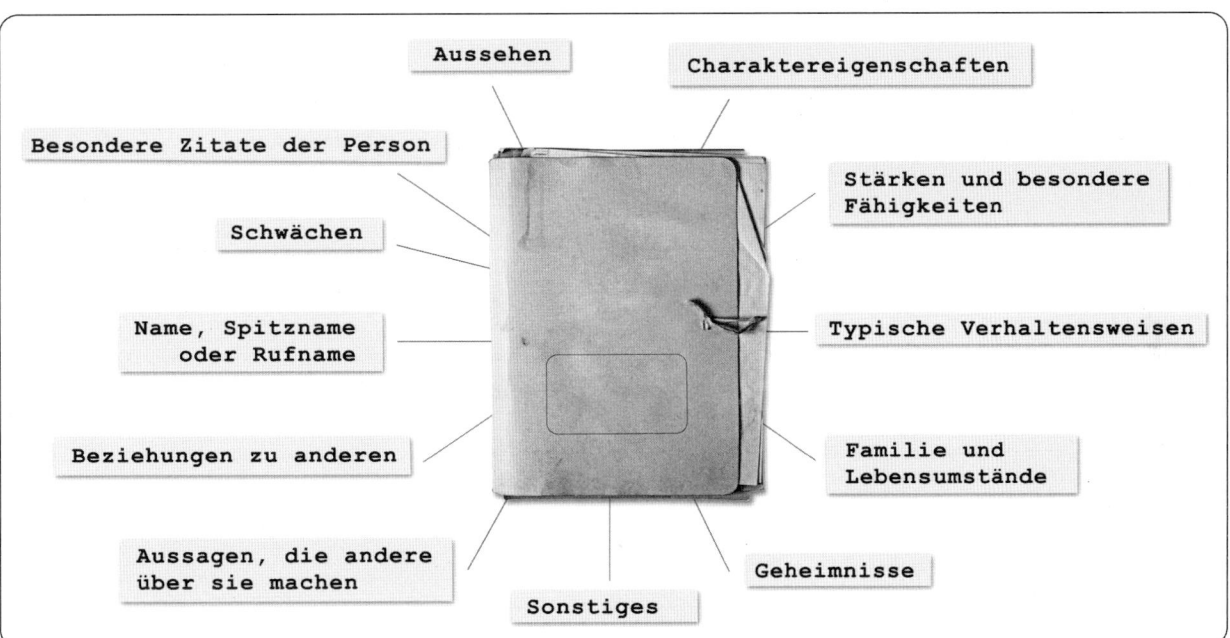

Zwei Vorlagen für Steckbriefe zu Adrian und Stella findest du auf den folgenden Seiten. Ergänze darin Informationen aus dem Buch. Steckbriefe zu weiteren Personen legst du am besten auf einem eigenen Blatt selbst an. Neben Adrian und Stella kannst du Steckbriefe zu Misses Elderly, Dato, Tamar, Waliko und Adrians Eltern gestalten.

9 Achte beim Lesen auf **wiederkehrende Themen** und markiere wichtige Textstellen. Du kannst dabei für die unterschiedlichen Themen verschiedene Farben verwenden. So findest du wichtige Textstellen später leicht wieder.

Achte z. B. auf diese Themen:
- aus Freundschaft wird Liebe
- Adrians Liebeskummer und Eifersucht
- Stellas Veränderung
- Fremdsein und Flucht
- Großwüchsigkeit
- Umgang mit Sorgen und Problemen
- Entwicklung vom Kind zum Jugendlichen

STECKBRIEF

Vorname: _Adrian_
Nachname: _____
Spitzname: _____

Alter: _____
Aussehen: _____

Wohnsituation: _____

Familiensituation: _____

Mutter: _____

Vater: _____

Hobbys: _____

Schule: _____

Stärken, Talente: _____

Schwächen, Ängste, Probleme: _____

STECKBRIEF

Vorname: _Stella_

Nachname: _____

Alter: _____

Aussehen: _____
_____
_____

Wohnsituation: _____
_____

Familiensituation: _____
_____
_____

Stiefvater: _____

Stiefschwester: _____

Großmutter: _____
_____
_____
_____

Hobbys/Interessen: _____
_____

Schule: _____

Charaktereigenschaften und typische Verhaltensweisen: _____
_____
_____
_____

Stärken, Talente: _____
_____

Schwächen, Ängste, Probleme: _____
_____

C Nach dem Lesen der einzelnen Abschnitte: Inhalte wiederholen

Das Buch ist in **23 Kapitel** unterteilt. Lies die Kapitel in Etappen (wie im Arbeitsheft vorgegeben). Bearbeite sie dann, indem du **Auffälliges markierst** und dir **wichtige Inhalte** durch **Randnotizen** sichtbar machst. Hier hilft dir immer auch der Hinweis ▬ Achte auf ... ▬, den du vor jedem Kapitel findest, denn er weist dich schon vorweg auf die wichtigsten Kapitelinhalte hin. Du solltest ihn daher möglichst **vor dem Lesen des Kapitels** ansehen.

Bearbeite nach dem Lesen die **Aufgaben zu den Kapiteln**. Besprich mit deinem Lehrer oder deiner Lehrerin, welche Aufgaben du schriftlich und welche ihr gemeinsam mündlich bearbeiten wollt.

Am **Ende jeder Lese-Etappe** findest du:
- Vorschläge für **Kapitelüberschriften**. Ordne diese zunächst den passenden Kapiteln zu. Schreibe sie dann ins Buch unter die Kapitelzahl oder wähle eine eigene Überschrift, die etwas über die wichtigsten Inhalte des jeweiligen Kapitels verrät.
- **Zusammenfassungen** der gelesenen Kapitel, jedoch nicht in der richtigen Reihenfolge. Ordne sie, indem du vor jede Zusammenfassung die richtige Kapitelnummer einträgst.
- kreative **Schreibaufgaben**, die dich bereits auf die Schreibaufgabe zur Ganzschrift in der Abschlussprüfung vorbereiten.

Lese-Etappe 1: Kapitel 1 bis 4

Kapitel 1

▬▬▬ Achte auf ... ▬▬▬
- die Art, wie Stellas Augen beschrieben werden.

10 Mit welchen Adjektiven beschreibt Adrian Stella Marauns Augen? Kreuze an.

- ☐ dunkel
- ☐ hell
- ☐ warm
- ☐ kalt
- ☐ grau
- ☐ blau
- ☐ braun
- ☐ grün

11 Adrian sagt über Stellas Augen, dass „jedes Gewitter [daran] abprallt und [...] der Regen einen Bogen macht um dieses Meer" (S. 9). Erkläre, was damit gemeint ist.

_____
_____
_____
_____

Nach dem Lesen der einzelnen Abschnitte: Inhalte wiederholen **15**

Kapitel 2

> **Achte auf ...**
> - Informationen zu Adrian, Stella und Misses Elderly.
> - Informationen zum Dreitotenhaus.
> - Verhaltensweisen, die zeigen, dass Stella normal mit Adrians Größe umgeht.

12 Was erfährst du im zweiten Kapitel über Adrian?
Ergänze die Informationen stichpunktartig.

Spitzname: _____

Größe: _____

Kleidung: _____

_____

Menschen, mit denen er gerne spricht: _____

13 Lies dir die folgenden Sätze über Stella Maraun durch. Sind sie wahr oder falsch? Kreuze an und korrigiere falsche Aussagen.

	wahr	falsch
Stella hat dunkelbraunes Haar. *Korrektur:*	☐	☐
Stellas Haar riecht nach Vanille. *Korrektur:*	☐	☐
Stella hat eine etwas unbeholfene Art, ihren Stift zu halten. *Korrektur:*	☐	☐
Stella lispelt leicht. *Korrektur:*	☐	☐
Stella lernt seit einigen Jahren die größten und längsten Dinge der Welt auswendig. *Korrektur:*	☐	☐
Stella nennt Adrian immer Einsachtzig. *Korrektur:*	☐	☐

14 Ergänze den Lückentext über Misses Elderly.

Misses Elderly ist Stellas _____. Sie hat Adrian und Stella früher oft

_____ vorgelesen. Sie färbt sich die Haare _____,

raucht Zigaretten, die nach _____ riechen, und hört gerne alte

_____. Misses Elderly ist außer Stella die einzige, die Adrian

_____ nennt. Früher trank sie zu viel _____.

SCHNEERIESE

15 Fülle den folgenden Steckbrief zum Dreitotenhaus aus.

Lage: _____

Aussehen: _____
_____
_____

Toter Nummer 1 / Todesursache: _____
Toter Nummer 2 / Todesursache: _____
Toter Nummer 3 / Todesursache: _____
Haltung der Menschen zu dem Haus: _____
_____
_____

16 Adrian und Stella beobachten, wie die neuen Nachbarn einziehen. Erkläre kurz, weshalb Stella meint, dass das Nachbarhaus nun „Viertotenhaus" genannt werden müsse.

_____
_____
_____
_____

Kapitel 3

Achte auf ...
- Informationen zu Adrian, Stella und Misses Elderly.
- Informationen zur Hormontherapie.
- Stellas Plan, um ins Dreitotenhaus zu kommen.
- die aufgezählten „größten und längsten Dinge der Welt".

17 Adrian sitzt mit einem Skizzenblock am Küchenfenster und versucht, den Schnee zu zeichnen. Dabei schweifen seine Gedanken in die Vergangenheit. Beschreibe, was Adrian, Stella und Misses Elderly früher beim ersten Schnee gemacht haben.

_____
_____
_____
_____

Nach dem Lesen der einzelnen Abschnitte: Inhalte wiederholen

18 Neues über Misses Elderly! Bringe die Buchstaben der Schüttelwörter zunächst in die richtige Reihenfolge. Erkläre dann kurz, was sie mit Misses Elderly zu tun haben. Schreibe die Erklärungen auf ein eigenes Blatt oder in dein Heft.

a FFMÄNIPFERN _____

b ÄNDERLNGE _____

c KOWILLMENM _____

19 Adrians Mutter litt früher unter ihrer überdurchschnittlichen Größe. Auch für Adrian ist es nicht immer angenehm, so groß zu sein. Kreuze an, was ihn an seiner Größe stört.

☐ Er überragt alle und fällt immer sofort auf.
☐ Durch seine langen Beine hat er es häufig unbequem, z. B. im Auto oder in der Badewanne.
☐ Er wird ständig von seinen Mitschülern gehänselt.
☐ Er mag es nicht, dass alle denken, er müsse ein guter Basketballspieler sein.

20 Eine spezielle Hormontherapie könnte Adrians Wachstum stoppen. Adrian weigert sich jedoch, die Therapie zu machen. Notiere drei Gründe, warum Adrian die Hormontherapie ablehnt.

1 _____
2 _____
3 _____

21 Stella will sich unbedingt im Dreitotenhaus umsehen. Welchen Vorwand (= Ausrede) hat sie sich ausgedacht, um bei den neuen Nachbarn klingeln zu können und ins Haus zu gelangen? Kreuze die richtige Antwort an.

☐ Sie will nach Zucker fragen.
☐ Sie will die Nachbarn willkommen heißen.
☐ Sie will nach Salz fragen.
☐ Sie will die Nachbarn fragen, wo sie herkommen.

SCHNEERIESE

Kapitel 4

Achte auf ...
- Informationen zu Dato und seiner Familie.
- Stellas Reaktion auf Dato.
- Informationen zum Dreitotenhaus.

22 Stella und Adrian gehen tatsächlich zum Dreitotenhaus und lernen die neuen Nachbarn kennen. Auf welchen der neuen Nachbarn trifft die jeweilige Aussage zu?
Schreibe den/die passenden Namen in die rechte Spalte.

Die Person ...	Name/Namen
... ist 15 oder 16 Jahre alt.	
... hat schwarze Augen.	
... scheint zu Adrian weniger freundlich zu sein als zu Stella.	
... ist etwa 5 cm größer als Stella.	
... hat für alle gekocht und den Tisch gedeckt.	
... sagt, dass Stella und Adrian nun gehen müssen.	
... stammt aus Georgien.	
... verlässt die Küche frühzeitig.	

23 Adrian bemerkt, dass Stella Dato gefällt, da sie sich anders verhält als gewöhnlich.
Nenne drei Beispiele für Stellas verändertes Verhalten.

1 _____
2 _____
3 _____

24 Erkläre aus dem Textzusammenhang, warum Adrian Dato als „den Maßgeschneiderten" (Z. 42) bezeichnet.

_____
_____
_____
_____

Nach dem Lesen der einzelnen Abschnitte: Inhalte wiederholen

25 Auf Seite 34 steht: „Und doch hätte er später schwören können, dass das die Sekunden waren, in denen Stella Maraun [...] den *Eissplitter* ins Auge bekam [...]."

Worauf wird hier angespielt? Erkläre dieses Zitat und beziehe dich dabei auch auf das Märchen „Die Schneekönigin".

_____
_____
_____
_____
_____
_____

Aufgaben zu Lese-Etappe 1

26 Ordne den Kapitelüberschriften die Kapitelnummern zu.

Überschrift	Kapitelnummer
Stellas Plan	
Die Augen von Stella Maraun	
Dato, Tamar und Nino	
Neue Bewohner im Dreitotenhaus	

27 Ordne den Zusammenfassungen die Kapitelnummern zu.

> Adrian versucht, **die Augen von Stella Maraun** zu beschreiben. Er vergleicht sie mit dem Meer. Laut Adrians Beschreibung sind sie blau, hell – aber am Rand etwas dunkler, warm und zerzaust und schöner als die „übertriebenen" Meere auf Postkarten. Offenbar sind diese Augen so schön, dass weder Gewitter noch Regen, also Ärger oder Sorgen, sie trüben können.

> Wegen des winterlichen Wetters erinnert sich Adrian an die Zeit, als **Misses Elderly** ihnen im Winter auf der **Hollywoodschaukel** Märchen des Autors Hans Christian Andersen vorgelesen hat. Das war zwischen ihrem 6. und 10. Lebensjahr. Sie selbst hatte dies wohl auch für sich „gebraucht", als **Ablenkung vom Alkohol** und von ihrem ehemaligen Geliebten, dem bereits verstorbenen Engländer.
> Während Adrian versucht, den Schnee zu zeichnen, beginnt seine Mutter ein Gespräch über die von ihr gewünschte **Hormontherapie**, die Adrian ihrer Meinung nach machen solle, um sein **Wachstum** zu **stoppen**. Sie selbst litt unter ihrer überdurchschnittlichen Größe. Aus diesem Grund möchte sie ihren Sohn davor bewahren, noch größer zu werden. Obwohl Adrian durchaus in manchen Situationen unter seiner Größe leidet, will er eine solche Therapie nicht machen, weil sie auch viele **Nebenwirkungen** haben kann. Er entzieht sich dem Gespräch, indem er zu Stella geht.
> Diese berichtet ihm, dass Misses Elderly die **fremdländischen Bewohner des Dreitotenhauses** begrüßen wollte. Sie wurde aber nicht ins Haus gebeten. Daraus schließt Stella, dass ihre Theorie mit dem Toten stimmt. Sie plant, mit Adrian bei den Nachbarn zu **klingeln**, um sich unter dem **Vorwand**, **Salz** ausleihen zu wollen, im Haus umsehen zu können.

SCHNEERIESE

Stella, Adrians Nachbarin, weckt Adrian Anfang November **mitten in der Nacht** mit einem **Anruf**. Sie sagt, er solle zu ihr kommen, da jemand gegenüber in das leer stehende sogenannte **Dreitotenhaus** einziehe. Das Haus heißt so, weil dort innerhalb von sechs Jahren drei Menschen ums Leben kamen. Adrian tauscht noch seinen zu kurz geratenen Schlafanzug, der ihm peinlich ist, gegen Jeans und Kapuzenpulli und geht über die **gemeinsame Terrasse** zu Stella hinüber. Dabei wird klar, dass er für Stella immer und überall alles stehen und liegen lassen würde. Als er an der rostigen **Hollywoodschaukel** auf der Terrasse vorbeigeht, denkt er daran, wie oft er und Stella Jahr um Jahr gemeinsam dort gesessen haben. Er denkt auch an Stellas Oma, die sich Misses Elderly nennt und ihnen oft das Märchen „**Die Schneekönigin**" vorgelesen hat.

Durch ein Fernglas beobachten Stella und Adrian, wie die neuen Bewohner einziehen. Stella verkündet schließlich, dass die Nachbarn bereits **einen Toten auf einer Bahre** hineingetragen hätten und man das Haus nun **Viertotenhaus** nennen müsse.

Stella und Adrian klingeln am Dreitotenhaus. Ein etwa **15-jähriger Junge namens Dato** öffnet. Stella scheint sofort fasziniert von Dato zu sein, was Adrian wütend macht. Dato bittet die beiden ins Haus, wo sie seine **Mutter Tamar** und seine **kleine Schwester Nino** kennenlernen. Da das Essen gerade fertig ist, werden Stella und Adrian eingeladen, mitzuessen. Die Gerichte aus **Georgien**, der Heimat der neuen Nachbarn, schmecken ausgezeichnet. Adrian ist enttäuscht, weil es im Inneren des Hauses ziemlich normal und gar nicht düster aussieht. Zudem ist er wütend darüber, dass Stella anscheinend vergessen hat, dass sie sich im Haus umsehen wollten. Dato verabredet mit Stella, dass er ihr gegen die Bezahlung eines Cents demnächst Salz aus Georgien bringen wird. In Georgien dürfe man Salz nämlich nicht verschenken, sagt er. Stella und Adrian hören ein **leises Stöhnen im Haus**, werden dann aber weggeschickt. Sie spazieren durch die verschneite Landschaft und die offenbar **verliebte Stella** lässt sich in den Schnee fallen und macht einen Schneeengel. Adrian lässt sich ebenfalls fallen, jedoch ohne sich zu bewegen. Statt eines Schneeengels macht er einen **Schneeriesen**, wie er sagt.

Schreibaufgabe

28 Adrian kommt nach dem Besuch im Dreitotenhaus nach Hause und schreibt in sein Tagebuch, wie der Besuch bei den neuen Nachbarn verlief.

Dabei geht er auch auf
- Stellas Verhalten und
- seine eigene Enttäuschung ein.

Er befürchtet, dass sich seine Freundschaft zu Stella verändern könnte.

Schreibe diesen Tagebucheintrag im Umfang von etwa 100 Wörtern.
Führe dazu den vorgegebenen Anfang fort.

So könnte der Tagebucheintrag beginnen:
Was für ein bescheuerter Plan! Nach Salz und Zucker fragen! Ach wären wir doch einfach weggeblieben von diesem Unglückshaus. Dann hätten wir diesen maßgeschneiderten Schönling gar nicht erst getroffen. Kaum dass die Tür offen war, habe ich Stella fast nicht mehr erkannt. Sie sah aus, als ob sie eine Erscheinung gehabt hätte. Das hat mich wirklich wütend gemacht. Zuerst war ich erleichtert, dass der Typ uns die Tür vor der Nase zugeknallt hat, dann hat er es sich aber nochmal anders überlegt …

Nach dem Lesen der einzelnen Abschnitte: Inhalte wiederholen

Lese-Etappe 2: Kapitel 5 bis 8

Kapitel 5

> **Achte auf ...**
> - Informationen zu Stellas Familie.
> - die Veränderung zwischen Stella und Adrian.

29 Adrian empfindet mehr als nur Freundschaft für Stella. Schreibe drei Textstellen aus dem Buch auf, die diese Aussage belegen.

Tipp: Auf den Seiten 43, 47 und 48 findest du passende Textstellen.

_____
_____
_____
_____
_____
_____

30 Sind die folgenden Aussagen richtig, falsch oder nicht bekannt? Kreuze an.

	richtig	falsch	nicht bekannt
Stella hat einen „Ersatzvater" namens Veit, der einen Vollbart trägt.	☐	☐	☐
Stellas leiblicher Vater trug auch einen Vollbart.	☐	☐	☐
Stella und ihre „Ersatzschwester" verstehen sich nicht besonders gut.	☐	☐	☐
Stellas „Ersatzschwester" wohnt nicht mehr bei ihnen.	☐	☐	☐
Die Häuser von Stella und Adrian gehören Adrians Großmutter.	☐	☐	☐
Veit ist vor etwa 3 Jahren eingezogen.	☐	☐	☐
Wenn Stella wütend ist, verkriecht sie sich.	☐	☐	☐
Adrian hat vor knapp zwei Jahren das erste Mal den Wunsch verspürt, Stella zu berühren.	☐	☐	☐
Adrian zeichnet häufig Stellas Gesicht.	☐	☐	☐
Stellas „Ersatzschwester" ist nur wenig älter als Stella.	☐	☐	☐
Stellas Vater hat die Familie verlassen.	☐	☐	☐

Kapitel 6

Achte auf ...
- Informationen zu Adrians Vater.
- Stellas Mimik und Körpersprache.
- die Versuche von Misses Elderly, Adrian zu beraten.
- die „Kleinigkeiten", die Adrian gedanklich aufzählt.

31 Welche Aussagen treffen auf Adrians Vater zu? Kreuze an.

Adrians Vater ...
- [ ] unterrichtet Studenten.
- [ ] ist übermäßig laut.
- [ ] kümmert sich nicht um seinen Sohn.
- [ ] wohnt unter der Woche in einer kleinen Wohnung.

32 Adrian überwindet sich, Stella nach über zwei Wochen Funkstille einen Besuch abzustatten. Als er zu ihr ins Zimmer kommt, fragt sie, ob sie etwas für ihn tun könne. Er verneint, doch gedanklich zählt er acht „Kleinigkeiten" auf, die er vermisst. Notiere diese „Kleinigkeiten" stichpunktartig.

1. _____
2. _____
3. _____
4. _____
5. _____
6. _____
7. _____
8. _____

33 Warum hat Stella keine Zeit für Adrian? Vervollständige den nachfolgenden Satz.

Stella hat keine Zeit für Adrian, weil sie _____.

Nach dem Lesen der einzelnen Abschnitte: Inhalte wiederholen

34 Lies die Seiten 52–55 noch einmal und achte besonders auf Stellas Mimik und Tonlage. Notiere in Stichpunkten, welche Mimik und Tonlage sie zeigt, wenn sie mit Adrian redet bzw. wie sich diese verändert, wenn sie über Dato spricht.

Adrian	Dato

35 Adrian beschließt spontan, Stella zu Dato zu begleiten. Auf dem Weg zur Tür trifft er Misses Elderly. Erkläre mit eigenen Worten, wovor Misses Elderly Adrian mit dem folgenden Ratschlag warnen möchte.

> „An deiner Stelle würde ich drinbleiben, sagte sie. Es gibt eine Unwetterwarnung. Hab ich gerade gehört. Schneesturm, Eiseskälte, das volle Programm." (S. 56)

_____
_____
_____
_____
_____

Kapitel 7

Achte auf ...
- die Art, wie Dato und Tamar auf Adrians Erscheinen reagieren.
- Adrians Beobachtungen zum Verhältnis zwischen Stella und Dato.
- Adrians „Ansprache".

36 Fasse Adrians Worte zum Dreitotenhaus und zu Stellas ursprünglichem Plan zusammen (vgl. S. 64/65). Lass alle unnötigen Details weg.

_____
_____
_____
_____
_____

24 SCHNEERIESE

37 Sieh dir den Wortwechsel unten auf Seite 65 an. Stella wiederholt dreimal „Adrian", Adrian kontert mit „Einsneunzig". Erkläre das Verhalten der beiden.

_____
_____
_____
_____

38 Welche Adjektive beschreiben die Stimmung bei Adrians zweitem Besuch im Dreitotenhaus? Kreuze an.

☐ freundlich   ☐ enttäuschend   ☐ gelassen
☐ fröhlich   ☐ heiter   ☐ entspannt
☐ angespannt   ☐ unangenehm   ☐ bedrückend

Kapitel 8

Achte auf ...
- Adrians Gefühle.
- Adrians Zeichnungen.
- die Kriminachmittage.
- Informationen zu Adrians Vater.

39 Richtig oder falsch? Kreuze an und berichtige falsche Aussagen.

	richtig	falsch
Adrian ist nach dem zweiten Besuch im Dreitotenhaus wütend und traurig. *Korrektur:*	☐	☐
Er fängt sofort an, bitterlich zu weinen, als er zu Hause ankommt. *Korrektur:*	☐	☐
Am liebsten würde er alles vergessen. *Korrektur:*	☐	☐
Vor Wut zerreißt Adrian seine Zeichnungen von Stella. *Korrektur:*	☐	☐
Die „Bahnsteigmenschen" für den Kunstwettbewerb zerstört er aber nicht. *Korrektur:*	☐	☐
Der Kunstwettbewerb wird im Februar stattfinden. *Korrektur:*	☐	☐

Nach dem Lesen der einzelnen Abschnitte: Inhalte wiederholen

Adrians Vater ist kleiner als Adrian, aber ziemlich breit. ☐ ☐

Korrektur:

Adrians Mutter unterbricht ihn beim Zerstören seiner Zeichnungen. ☐ ☐

Korrektur:

Stella kennt all seine Zeichnungen. ☐ ☐

Korrektur:

40 Adrian nimmt an einem Kunstwettbewerb teil. Er kann dazu aus verschiedenen Aufgaben eine auswählen:

Aufgabe 1: Entwirf ein Plakat für das nächste Schulkonzert.

Aufgabe 2: Schreibe und zeichne einen Comic zum Thema „Wir haben nur diese eine Welt".

Aufgabe 3: Gestalte eine Bilderserie zum Thema „Der Mensch in seinen Lebenslagen".

a Welche der Aufgaben hat Adrian gewählt?

Aufgabe _____

b Was hat er gezeichnet? Antworte mit einem vollständigen Satz.

_____

_____

41 Worüber ärgern sich die Menschen in Adrians Zeichnungen? Worüber freuen sie sich? Notiere in Stichpunkten.

Die Menschen ärgern sich über …	**Die Menschen freuen sich über …**

SCHNEERIESE

Aufgaben zur Lese-Etappe 2

42 Ordne den Kapitelüberschriften die Kapitelnummern zu.

Überschrift	Kapitelnummer
Zwei Wochen ohne Stella	
Zweiter Besuch bei Dato und Tamar	
Zerstörte Zeichnungen	
Bei Stella	

43 Ordne den Zusammenfassungen die Kapitelnummern zu.

> Niedergeschlagen liegt Adrian in seinem Zimmer auf dem Boden und bemüht sich, nicht zu weinen. Am liebsten würde er Stella und Datos Familie einfach vergessen. Er denkt über den vergangenen Nachmittag nach und findet sein Verhalten selbst unmöglich.
> Er denkt zurück an die „**heiligen Donnerstage**", an denen Stella und er allein bei Adrian zu Hause Krimiserien schauten und Süßigkeiten aßen. Adrian überlegt, was er hätte tun können, anstatt ins Dreitotenhaus mitzugehen und wie er mit Stella hätte sprechen können.
> Ihm kommt der **Kunstwettbewerb** seiner Schule in den Sinn und er betrachtet die vielen Zeichnungen von den „**Bahnsteigmenschen**", die **sein Vater für ihn fotografiert** hat. Zunächst waren es unglückliche Gesichter, die er von den Fotos abzeichnete, später dann brachte sein Vater Bilder von glücklichen Menschen für ihn mit. Als er aber wieder an seine aktuelle Situation mit Stella und Dato denkt, überkommt ihn die Wut und er **zerreißt** zunächst **Zeichnungen von Stellas Händen und Füßen**, die er angefertigt hat, und dann auch viele Zeichnungen der „Bahnsteigmenschen". Als seine Mutter schließlich ins Zimmer kommt und ihn fragt, ob er geweint habe, fängt Adrian an zu schreien.

> Adrian beschließt, zu Stella hinüberzugehen. Zunächst trifft er auf Misses Elderly, die gerade Yoga macht. Sie gibt Adrian den Rat, sich nicht so schnell geschlagen zu geben. Als er Stellas Zimmer betritt, bemerkt er deren **Enttäuschung**. Adrian versucht, sich seine eigene Enttäuschung nicht anmerken zu lassen. Stella hatte gerade mit einer Schulfreundin telefoniert, als er hereinkam. Adrian besucht das **Gymnasium**, Stella geht auf eine andere Schule. Sie erklärt Adrian, dass sie gleich zu Dato gehen werde und deshalb keine Zeit habe. Adrian beschließt spontan, sie zu begleiten. Stella ist wenig erfreut darüber, willigt aber schließlich ein. Adrian trifft noch einmal auf Misses Elderly, die ihm zu verstehen gibt, dass er besser nicht mitgehen solle. Adrian wird wütend und befolgt ihren Rat nicht.

> Stella und Dato sind von Adrians Anwesenheit offensichtlich genervt, Tamar schüttelt sogar den Kopf, als sie ihn sieht. Sie kocht Tee für alle. **Stella und Dato kichern** und sind sehr vertraut miteinander, was **Adrian kaum ertragen kann**. Er unterhält sich mit Tamar über ihre Heimat, **Swanetien**, das im **Norden Georgiens** liegt. Adrian fühlt sich selbst dumm, weil er Stella begleitet hat, und er erkennt, dass Stella in den letzten beiden Wochen **mit Dato und seiner Familie** schon vertraut geworden ist. Obwohl er weiß, dass es nicht nett von ihm ist, lenkt er das Thema auf das „Dreitotenhaus". Er erklärt, dass Stella und er eigentlich nur Kontakt aufgenommen haben, um etwas über den vermeintlichen vierten Toten herauszufinden. Er lässt Stella dabei absichtlich schlecht dastehen. **Stella nimmt ihm das übel** und tritt ihm unter dem Tisch gegen das Schienbein. Tamar beginnt nach Adrians Rede zu weinen und scheint **zugleich wütend und ängstlich** zu sein. Sie fordert Adrian auf, zu gehen, was dieser auch tut. Sie rät ihm noch, sich selbst und auch ihnen „**das nicht an[zutun]**". Adrian fühlt sich, als wäre seine Welt untergegangen.

Nach dem Lesen der einzelnen Abschnitte: Inhalte wiederholen

Man erfährt zunächst, wie Adrian und seine Familie in das Haus neben Stella eingezogen sind. Beide Häuser gehören Misses Elderly. Außer Misses Elderly, Stella und deren Mutter lebt dort seit etwa drei Jahren der Freund der Mutter, Veit, den Stella und Adrian „**Bartersatz**" nennen (da er der **Ersatzvater** ist und einen Vollbart trägt). Veits Tochter, die Adrian und Stella die „**gefälschte Schwester**" nennen, kommt nur hin und wieder zu Besuch. Stella ist froh darüber, da sich die beiden nicht verstehen. Im Gegensatz zu früher, als Adrian und Stella sich täglich gesehen haben, herrscht nun **seit zwei Wochen** eine Art **Funkstille** zwischen ihnen. Die wenigen Male, die sie sich an der Schulbushaltestelle gesehen haben, wollte Stella nur über die neuen Nachbarn reden, was Adrian genervt hat.

Schreibaufgabe

44 Tamar bringt Adrian zur Tür (vgl. S. 68). Nachdem er das Dreitotenhaus verlassen hat, geht er noch eine Weile draußen umher, bevor er nach Hause geht.

Dabei denkt er
- über Tamars Worte,
- über Stella und Dato und
- über sein Verhalten nach.

Verfasse einen inneren Monolog aus Adrians Sicht, in dem du seine Gedanken wiedergibst. Lies die folgenden Textanfänge, bevor du mit dem Schreiben beginnst. Entscheide dich für einen Anfang und führe diesen inneren Monolog fort. Schreibe ca. 100 Wörter.

a ☐ Tu dir das nicht an. Tu uns das nicht an. Was hat Tamar damit gemeint? Am liebsten würde ich einfach abhauen – für immer. Was war das nur für eine entsetzliche Situation? Ich hätte es wissen müssen, ich hätte nicht mitkommen dürfen!

b ☐ Sie hat sich solche Mühe gegeben. Sie hat mich durchschaut. Sie weiß genau, warum ich so entsetzlich fies gewesen bin. Mein Bauch ist ein einziges schreckliches Gefühl. Diese Tamar ist mir unheimlich. Ich bin ein Ekel, bin so wütend und verletzt und sie bleibt so freundlich und ist gleichzeitig so traurig, weil ich sie verletzt habe. Dabei wollte ich doch eigentlich nur Stella und Dato eins auswischen!

c ☐ Wenn man mal ein besonders gutes Beispiel für „fehl am Platz" sucht, dann kann man dieses hier nehmen! Was habe ich mir nur dabei gedacht? Stella hat Adrian zu mir gesagt, nicht Einsneunzig, nein! Adrian! Und ich bin selbst schuld! Ich habe so eine irre Wut, auf Stella, auf Dato, auf mich, auf alle ...

SCHNEERIESE

Lese-Etappe 3: Kapitel 9 bis 12

Kapitel 9

> **Achte auf ...**
> - Informationen zu Stella und Dato.
> - die Erinnerungen von Adrians Mutter an ihre Kindheit und Jugend.
> - Adrians Gefühle.
> - die aufgezählten „größten und längsten Dinge der Welt".

45 Fülle den Lückentext zu Kapitel 9 aus.

Adrian schreit _____ an, sie solle gehen. Er schreit auch, dass er nicht _____ und dass er keine _____ möchte. Nachdem die Mutter den ersten Schock überwunden hat, berichtet sie nochmals, wie sehr sie unter ihrer _____ gelitten habe. Offenbar wurde sie _____ genannt und in der Tanzschule nicht aufgefordert. Zudem litt sie an der Mode: In ihrer Größe gab es _____ Kleidung. Adrian ist das egal, er ist nur genervt von Dato, _____ und im Grunde von seinem ganzen Leben. Im Laufe des Gesprächs erfährt er von seiner Mutter, dass _____ und _____ auf die gleiche Schule gehen und Stella oft bei Datos Mutter mitfährt. Am Ende des Kapitels sagt ihm seine Mutter noch, dass _____ ihn besuchen kommen möchte. Sie sagt, sie werde kommen, auch wenn er es nicht will.

Kapitel 10

> **Achte auf ...**
> - die vielen Dinge, die seit der Entfremdung von Stella in Adrians Leben schiefgehen.
> - Misses Elderlys „Deal".

46 Was läuft in Adrians Leben gerade nicht gut? Kreuze alle richtigen Aussagen an.

- [ ] Er leidet unter Sprüchen von Mitschülern, die ihm früher nichts ausgemacht haben.
- [ ] Er hat seine wenigen Freunde durch seine schlechte Laune vor den Kopf gestoßen.
- [ ] Er hat sich mit Dato gestritten.
- [ ] Er hat zwei Tests vergeigt, weil er die Blätter einfach leer abgegeben hat.
- [ ] Er hat Zeichnungen zerrissen.
- [ ] Er hat seinen Vater angeschrien und seine Mutter ignoriert.
- [ ] Er hat Türen zugeknallt.
- [ ] Er hat Möbel in seinem Zimmer zertrümmert.
- [ ] Er hat zu wenig gegessen.
- [ ] Er hat städtische Weihnachtsdekorationen kaputt gemacht.

Nach dem Lesen der einzelnen Abschnitte: Inhalte wiederholen

47 Adrian hat vor längerer Zeit gesagt, er wolle Misses Elderly zeichnen. Was war der Grund dafür? Ergänze den Satz.

Adrian wollte Misses Elderly zeichnen, weil _____

_____

48 Misses Elderly bietet Adrian einen „Deal" an. Was soll Adrian für sie tun und was erhält er im Gegenzug von ihr? Vervollständige das Schaubild.

Adrian	Misses Elderly
_____	_____
_____	_____
_____	_____

DEAL

Kapitel 11

Achte auf ...
- Misses Elderlys Geschichte mit dem Engländer.
- den Grund dafür, dass Datos Familie nach Deutschland kam.

49 Richtig oder falsch? Kreuze an und verbessere falsche Aussagen.

	richtig	falsch
Misses Elderly fing eine Affäre mit einem verheirateten Mann an. *Korrektur:*	☐	☐
Er hieß Daniel Turpin. *Korrektur:*	☐	☐
Sie selbst war damals auch noch verheiratet. *Korrektur:*	☐	☐
Er gab ihr gewissermaßen den Namen Misses Elderly. *Korrektur:*	☐	☐
Er war Pförtner im Landratsamt und seine Frau arbeitete auch dort. *Korrektur:*	☐	☐
Misses Elderly hat die Affäre schließlich beendet. *Korrektur:*	☐	☐
Seine Frau wusste von der Affäre. *Korrektur:*	☐	☐

SCHNEERIESE

	richtig	falsch
In der Zeitung hat Misses Elderly einige Jahre später seine Todesanzeige gefunden. *Korrektur:*	☐	☐
Nach seinem Tod hat Misses Elderly einen Selbstmordversuch unternommen. *Korrektur:*	☐	☐
Nach einigen Wochen wollte sie „Misses Elderly" genannt werden. *Korrektur:*	☐	☐

50 Schreibe den Nachnamen von Datos Familie auf.

51 Misses Elderly erzählt Adrian von der Blutrache, die es in Swanetien gibt. Erkläre, um was es sich bei der Blutrache handelt und warum Datos Familie aus Georgien fliehen musste.

52 Was kündigt Adrian am Ende des Kapitels an? Zitiere die entsprechende Textstelle.

Nach dem Lesen der einzelnen Abschnitte: Inhalte wiederholen

Kapitel 12

Achte auf ...
- die Informationen zu Adrians Vater.
- Adrians „Versteck".
- den gewöhnlichen Ablauf des Weihnachtstags.

53 In diesem Kapitel erhältst du neue Informationen zu Adrians Vater. Fülle den Lückentext dazu aus.

Adrians Vater ist gerne _____ ; das „Weihnachtstheater" ist ihm zuwider.

Er ist ein sehr umgänglicher Mann und hält sich am liebsten _____. Die

letzten Wochen hat er so getan, als würde er von Adrians Gefühlszustand _____

_____. Er hat ihm auch neue _____

mitgebracht. Bei Familienfeiern ist er der _____, der ins Bett geht.

Adrians Vater liebt peinlich glänzende _____ und die Freitagabende, an denen

er nach seiner Heimkehr viele _____ aus dem Briefkasten holt. An Heiligabend

manipuliert er mit ausgefallenen Streichen die _____ seiner Frau. Er ist leicht

_____.

54 Wie sieht die Manipulation der Krippe in diesem Jahr aus? Antworte mit einem vollständigen Satz.

_____

_____

55 Adrian versucht, dem Alltag zu entfliehen. Welches „Versteck" wählt er, um seine Ruhe zu haben? Kreuze an.
- ☐ Er kriecht unter seinen Schreibtisch, wie es Stella früher getan hat.
- ☐ Er versteckt sich in der Garage, um seinen Eltern nicht zu begegnen.
- ☐ Er geht stundenlang im Schnee spazieren, ohne eine Pause zu machen.
- ☐ Er verbringt die Nachmittage allein auf der Hollywoodschaukel.

56 Die früher glücklichste Stunde des Jahres (vgl. S. 115) bezeichnet Adrian in diesem Jahr als „unglücklichste Stunde" (S. 116).

Beschreibe, was in dieser Stunde normalerweise passiert und was in diesem Jahr anders ist.

_____

_____

_____

_____

SCHNEERIESE

Aufgaben zu Lese-Etappe 3

57 Ordne den Kapitelüberschriften die passenden Kapitelnummern zu.

Überschrift	Kapitelnummer
Der „Deal"	
Gespräch mit der Mutter	
Heiligabend	
Misses Elderlys Geheimnis	

58 Ordne den Zusammenfassungen die passenden Kapitelnummern zu.

> Als Adrian und Stella sechs Jahre alt waren, hat sich Misses Elderly wegen des „**verlorenen Engländers**" lange Zeit in ihrem Zimmer verkrochen. Trotz vieler Versuche hat sie auf niemanden reagiert, bis sie eines Tages herauskam und damit begann, Adrian und Stella **traurige Märchen** vorzulesen.
> Sie erzählt Adrian nun, dass sie mit einem verheirateten Engländer eine **jahrelange Affäre** gehabt habe. Von ihm hat sie auch den Namen **Misses Elderly** bekommen, denn er hatte ihre Beschreibung von sich selbst, eine „ältere Dame" zu sein, so übersetzt. Schließlich hat der Engländer aus Angst davor, seine Frau könnte etwas davon erfahren, die Affäre beendet. Als Misses Elderly Jahre später in der Zeitung seine Todesanzeige gesehen hat, wurde ihr klar, dass er nun endgültig weg ist. Daraufhin hat sie sich für Wochen in ihrem Zimmer verbarrikadiert und wollte anschließend von allen nur noch Misses Elderly genannt werden.
> Sie sagt zu Adrian, dass jemand erst wirklich weg sei, wenn er nicht mehr lebe. Außerdem meint sie, dass ihr Stella, Adrian und ihre Tochter in dieser Zeit sehr beigestanden haben. Sie hätte die **Frau des Engländers** damals wegen **illegaler Machenschaften**, von denen ihr der Engländer erzählt hatte, anzeigen können, sagt aber zu Adrian, dass **Rache** noch nie etwas gebracht habe.
> Dann berichtet sie Adrian, dass **Datos Familie**, die Bendelianis, nach Deutschland **flüchten** musste, weil ein junger Mann im Streit mit Tamars Bruder versehentlich ums Leben kam und dessen Familie nun **Blutrache** geschworen habe. Sie erzählt Adrian auch, dass sie sich mit Tamar angefreundet habe. **Adrian fühlt sich betrogen** und möchte Misses Elderly verletzen. Deshalb bezeichnet er ihr Geheimnis als langweilig. Er betont außerdem, dass er noch herausbekommen werde, was mit den Bendelianis nicht stimme, da sie sicher Dreck am Stecken haben. Enttäuscht verlässt Misses Elderly Adrians Zimmer.

> Adrian schreit seine **Mutter** an, dass sie abhauen solle, dass er nicht weine und dass er auch keine Hormontherapie wolle. Sie ist geschockt und erklärt ihm, wie sehr sie **unter ihrer Größe gelitten** habe und wie gerne sie eine solche Hormontherapie gemacht hätte. Sie fragt ihn, ob es ihn nicht nerve, ständig nach dem Basketballspielen gefragt zu werden. Doch Adrian denkt nur daran, **wie sehr ihn Dato nervt**. Er erwähnt, dass Stella seine Größe egal sei. Seine Mutter deutet jedoch an, dass Stella nun Dato habe und sich nicht mehr für Adrian interessiere. Sie berichtet, dass Dato und Stella **dieselbe Schule** besuchten und Stella nach der Schule mit Dato und seiner Mutter nach Hause fahre. Als sie Adrian sagen möchte, dass sie weiß, was Stella ihm bedeute, herrscht dieser sie wieder an. Sie sagt ihm noch, dass Misses Elderly, die eigentlich **Helene** heißt, vorbeikommen möchte, und geht dann in die Küche.

Adrians gesamtes **Leben** hat sich in den letzten Wochen **verschlechtert**. Er leidet unter Sprüchen und Reaktionen von Mitschülern, die ihm früher nichts ausgemacht haben, er hat seine wenigen Freunde durch seine schlechte Laune vor den Kopf gestoßen und zwei Tests in der Schule leer abgegeben. Außerdem hat er seine Zeichnungen zerrissen, seinen Vater angeschrien, seine Mutter ignoriert, Türen zugeknallt und Weihnachtsdeko kaputt gemacht.

Als **Misses Elderly** ihn besucht und vorschlägt, er solle endlich das **Porträt** von ihr zeichnen, das er schon immer zeichnen wollte, lehnt er zunächst ab. Das Porträt hatte er ursprünglich nur zeichnen wollen, um dann auch eines von allen anderen Bewohnern und schließlich von Stella anfertigen zu können. Misses Elderly bietet ihm einen „**Deal**" an und verspricht, ihm ein **Geheimnis** zu verraten, wenn er sie zeichne. Adrian zeichnet schließlich das Porträt, gibt sich jedoch keine große Mühe. Misses Elderly betrachtet das Bild gar nicht, sondern beginnt direkt damit, ihr Geheimnis zu erzählen.

Nach dem Gespräch mit Misses Elderly sucht Adrian einen Ort, an dem er sich **verstecken** kann – in seinem Zimmer mit den zerrissenen Zeichnungen fühlt er sich nicht mehr wohl. Er beginnt damit, nach der Schule stundenlang im Schnee spazieren zu gehen – das ist sein „Versteck". Diese **Spaziergänge** sind für ihn die erträglichste Zeit des Tages. Er lässt in der Schule weiter nach und vermisst Stella sehr. Die Vorweihnachtszeit erscheint ihm trostlos. Er weiß, dass es das erste Weihnachten sein wird, das er nicht mit Stella verbringen wird.

An **Weihnachten manipuliert Adrians Vater** normalerweise immer sehr einfallsreich **die Krippe** von Adrians Mutter. Die Marauns kommen außerdem immer für etwa eine Stunde vorbei. Adrian und Stella haben diese Stunde bisher in Adrians Zimmer verbracht, dort ihre Geschenke ausgetauscht und geredet. In diesem Jahr fällt die Krippen-Manipulation spärlich aus und Adrian befürchtet, dass der **Besuch der Marauns** schrecklich werden wird.

Schreibaufgabe

59 Adrian wartet an Heiligabend mit einem schlechten Gefühl auf die Ankunft der Marauns. Er denkt daran, wie diese Zeit in den letzten Jahren immer ablief und was sich verändert hat.

Da er glaubt, dass es ihm schwerfallen wird, mit Stella zu sprechen, schreibt er ihr einen Brief, den er ihr beim Weihnachtsbesuch geben will. Er erklärt darin, wie unglücklich er mit der Situation ist.

Schreibe den ersten Teil von diesem Brief im Umfang von etwa 80 Wörtern. Verfasse den Brief so, dass er zum folgenden Ende passt.

So könnte der Brief enden:

… Vielleicht gewöhnt man sich einfach zu sehr an Traditionen und kann es dann nicht aushalten, wenn es sie nicht mehr gibt. Jedenfalls fühlt sich das heute nicht so richtig wie Weihnachten an. Ein Weihnachten ohne dich ist wie Weihnachten ohne Krippe, ohne Weihnachtsbaum, ohne Geschenke. Ein rundherum doofes Weihnachten. Ohne dich geht Weihnachten einfach nicht!

Dein Einsneunzig

SCHNEERIESE

Lese-Etappe 4: Kapitel 13 bis 16

Kapitel 13

Achte auf ...
- die Informationen über die Gäste.
- Adrians Erinnerung an die Weihnachtsgeschenke von Stella und an das vorletzte Weihnachten.
- Adrians Gespräch mit Misses Elderly.

60 Nenne die Weihnachtsgäste und trage sie nach Familienzugehörigkeit in die Felder ein.

Familie Theiß	Familie Maraun

61 Auf welche Person trifft die jeweilige Aussage zu? Schreibe den/die passenden Namen in die rechte Spalte.

Die Person ...	Name / Namen
... ist die Tochter von Stellas Ersatzvater.	
... hat keinen Mann mehr.	
... hat eine harte, rissige Hand.	
... hat eine schwache Hand.	
... hat vor einer Woche wieder angefangen, mit Adrian zu reden.	
... hat eine rauchige Stimme.	
... fragt, ob Adrian eine Freundin hat.	
... verkündet, dass Stella nicht kommt.	
... trägt bunte Kleider und ist parfümiert.	
... hat ein schlechtes Verhältnis zu seiner/ihrer Schwester.	
... sagt mit freundlichem Gesicht die größten Gemeinheiten.	
... kommentiert gerne Adrians Größe.	
... will nicht, dass die anderen über ihn/sie sprechen.	

Nach dem Lesen der einzelnen Abschnitte: Inhalte wiederholen

62 Tante Irene macht Adrian gegenüber drei Aussagen (auf S. 119/120).
Schreibe sie auf und erkläre, weshalb diese Aussagen Adrian so treffen.

Aussage	Warum trifft diese Aussage Adrian?

63 Adrian und Stella haben sich jedes Jahr etwas zu Weihnachten geschenkt.

   a Nenne die Weihnachtsgeschenke, die Adrian in den vergangenen Jahren von Stella bekommen hat.

   b Was haben diese Geschenke gemeinsam? Antworte mit einem vollständigen Satz.

64 Adrian hatte Sorge, was das Zusammentreffen mit Stella angeht. Erkläre, warum für ihn der Besuch der Marauns dann sogar noch schlimmer war als erwartet.

SCHNEERIESE

Kapitel 14

Achte auf ...
- den Grund dafür, dass Adrian aus dem Haus geht.
- die Dinge, die Adrian Stella gerne sagen würde.
- die Märchen, an die Adrian denkt.
- den letzten Gedanken, den Adrian vor der Bewusstlosigkeit hat.

65 Adrian wacht nachts auf und verlässt überstürzt das Haus. Erkläre, aus welchem Grund er es so eilig hat, auf die Terrasse zu gehen. Gehe dabei auch auf den Ratschlag ein, den die Misses Adrian am Weihnachtsabend gegeben hat.

_____

_____

_____

66 Was hat Adrian an, als er die Terrasse betritt? Kreuze an.

- [ ] Jeans
- [ ] Mütze
- [ ] Handschuhe
- [ ] Schuhe
- [ ] Jacke
- [ ] Pullover
- [ ] Schal
- [ ] Stirnband

67 Stelle dar, weshalb die beiden Märchen, an die Adrian während des Wartens denkt, zum Wetter in dieser Nacht und zu Adrians Situation passen.

Tipp: Wenn du das Märchen „Das Mädchen mit den Schwefelhölzern" nicht kennst, kannst du im Internet nach einer Zusammenfassung des Märchens suchen und diese lesen. Eine Zusammenfassung zu „Die Schneekönigin" findest du auf Seite 8 im Arbeitsheft.

Märchen	Passt, weil ...
Die Schneekönigin	
Das Mädchen mit den Schwefelhölzern	

Nach dem Lesen der einzelnen Abschnitte: Inhalte wiederholen

68 Warum steht Adrian nicht auf und geht hinein, als er merkt, dass es zu kalt wird?
Kreuze an.

☐ Er hat den dringenden Wunsch, zu sterben.
☐ Er hat nasse Füße, die ihm nicht mehr gehorchen.
☐ Er hat sich an der Schaukel verhakt und hängt fest.
☐ Er möchte sich an Stella rächen und absichtlich erfrieren.

69 Adrian gehen viele Gedanken durch den Kopf, während er auf der Hollywoodschaukel sitzt.
Erkläre das folgende Zitat im Textzusammenhang mit eigenen Worten.

> „Wenn er all die Jahre noch nicht mal etwas so Einfaches geschafft hatte, wie von Stella Maraun gesehen zu werden. Obwohl er die ganze Zeit vor ihr gestanden hatte." (S. 134)

_____
_____
_____
_____
_____
_____

70 Wer findet Adrian schließlich und bringt ihn ins Haus?
Notiere den Namen der Figur.

Kapitel 15

Achte auf ...
- die Maßnahmen, um Adrian wieder aufzuwärmen.
- Adrians Gefühle gegenüber seinen Eltern.

71 Adrian fühlt sich behütet und geborgen.
Nenne zwei Beispiele aus Kapitel 15, die das deutlich machen.

_____
_____

SCHNEERIESE

72 Auf Seite 140 steht der folgende Satz:

> „Nie, kein einziges Mal im Leben, war ihm seine Mutter so wenig peinlich gewesen wie an diesem Morgen."

Was meint Adrian damit? Kreuze die passende Erklärung an.

☐ Seine Mutter hat an diesem Morgen endlich einmal nichts Peinliches gemacht, wohingegen sie ihn sonst häufig vor anderen Leuten blamiert.

☐ Obwohl der Zustand seiner Mutter peinlich sein könnte, ist er es für Adrian nicht, weil er einfach froh ist, dass sie da ist und sich um ihn sorgt.

Kapitel 16

Achte auf ...
- die verschiedenen Besucher.
- den Umgang von Adrians Eltern mit der „kältesten Nacht".

73 Adrian bekommt nach der Nacht auf der Terrasse viel Besuch. Wer besucht Adrian und was bringen die Personen mit? Verbinde, was zusammengehört. Streiche durch, was nicht passt bzw. im Buch nicht genannt wird.

Tamar	Obst
Misses Elderly	Schokolade
Stella	Blumen
Till	Tee
Dato	Muffins
Stellas Mutter	Gummibärchen
Adrians Großmutter	Skizzenblöcke
Veit	eine Karte
Olivia	Comics

Aufgaben zu Lese-Etappe 4

74 Ordne den Kapitelüberschriften die Kapitelnummern zu.

Überschrift	Kapitelnummer
Weihnachten ohne Stella	
Lungenentzündung	
Überlebt	
Die kälteste Nacht	

75 Ordne den Zusammenfassungen die Kapitelnummern zu.

> Adrian ist sehr geschwächt. Er hat eine **Lungen- und Rippenfellentzündung** mit Fieber, Halsschmerzen und Husten und muss **absolute Bettruhe** einhalten. Über die Nacht, die Adrian als die „**kälteste Nacht**" bezeichnet, sprechen seine Eltern nicht. Sein Vater sagt nur, dass es reiner Zufall gewesen sei, dass er Adrian gefunden habe. Außer dem Arzt haben seine Eltern niemandem verraten, wie es zu der Lungenentzündung kam. Adrian bekommt **viel Besuch:** Misses Elderly kommt mehrfach und bringt ihm einen Stapel Skizzenblöcke mit, Stellas Mutter bringt ihm Obst und Muffins vorbei, Till, ein Junge aus seiner Klasse, besucht ihn und auch Veit stattet ihm einen Besuch ab. Tamar bringt ihm täglich eine Thermoskanne mit Tee aus Georgien. Die Besucher lenken ihn von der „kältesten Nacht" ab, die ihm **peinlich** ist und an die er nicht denken möchte. Am **30.12.** klopft es an der Tür: **Stella besucht ihn.**

> Adrians Vater versucht, ihn mit **Decken und Warmreiben** aufzuwärmen. Als die Mutter dazukommt, ist sie völlig aufgelöst. Auf Anordnung des Vaters kocht sie Tee mit viel Zucker und **ruft den Arzt**. Dieser kommt und gibt weitere Anweisungen. Der Vater bringt Adrian dann in die Badewanne und Adrian wird dabei bewusst, wie wenig er in den letzten Wochen gegessen hat und **wie dünn er geworden ist**. Als er schließlich ins Bett gebracht wird, fühlt er sich geborgen und schläft ein. Mit Halsschmerzen wacht er am nächsten Tag auf und sieht, dass seine **Eltern** – wie die Krippenfiguren von Josef und Maria – **auf dem Boden neben seinem Bett schlafen**, was ihn sehr rührt.

> Mitten in der **Nacht zum 25.12.** wacht Adrian auf. Er denkt an Misses Elderlys Worte und beschließt, **auf der Stelle mit Stella zu sprechen**. Er möchte sich mit ihr versöhnen. Ohne Jacke und Schuhe geht er über die **eisige Terrasse** zur Küchentür der Marauns, die jedoch verriegelt ist. Adrian vermutet, dass Stella sie absichtlich abgeschlossen hat. Er beschließt, auf der Hollywoodschaukel zu warten. Obwohl er schnell zu frieren beginnt, möchte er nicht aufgeben und wartet weiter. Als er schließlich beschließt, aufzustehen, gelingt es ihm nicht mehr, weil er schon **zu stark unterkühlt** ist. Die ganze Zeit über denkt er an Stella und **verliert schließlich das Bewusstsein**. Er wacht wieder auf, als sein Vater ihm eine Decke um die Schultern legt und ihn stützt, sodass es ihm gelingt, aufzustehen und ins Haus zu gehen. Auf dem Sofa wird er von seinem Vater in mehrere Decken eingewickelt.

> Als erste Gäste treffen an **Heiligabend** wie jedes Jahr die Eltern von Adrians Vater sowie die Mutter und die große Schwester seiner Mutter, Tante Irene, ein. Adrian und sein Vater sind von den Besuchern, dem trockenen Rosinenstollen und den Gesprächsthemen immer gelangweilt. In diesem Jahr ist Adrian jedoch völlig teilnahmslos, bis seine Tante hämisch nachfragt, ob Adrian eine **Freundin** habe. Sie verneint das boshaft gleich selbst und fügt noch hinzu, dass er sicher vor lauter Arztterminen eh keine Zeit für eine Freundin habe. **Adrian** ist sehr **getroffen und schweigt**, Adrians Mutter bremst ihre Schwester ein. Die beiden Schwestern haben kein gutes Verhältnis zueinander, was daran liegt, dass Irene im Vergleich zu Adrians Mutter nicht überdurchschnittlich groß ist. Adrian denkt an **Stella und ihre Geschenke** für ihn, die immer etwas mit Größe zu tun hatten (z. B. eine 300-Gramm-Tafel Schokolade). Er denkt an die CD des Sängers „The Tallest Man on Earth", die sie ihm vorletztes Jahr geschenkt hat. Er hat ihr in jenem Jahr eine Zeichnung ihrer Hand geschenkt, woraufhin sie sich sehr nahe kamen und Stella ihn **beinahe geküsst** hätte. Später kommen die Marauns, aber **Stella ist nicht dabei**. Adrian ist schwer enttäuscht und wütend, selbst als Misses Elderly ihm sagt, dass es Stella auch nicht gut gehe und sich alle Sorgen um ihn machen. Der Gedanke, dass die anderen über ihn reden, macht Adrian noch wütender. Der Aufforderung von Misses Elderly, endlich zu sprechen, kommt er in dieser Situation nicht nach.

Schreibaufgabe

76 Seite 138: „Später [...] konnte er die Stimme des Arztes hören, der extra gekommen war [...]."
Adrians Eltern sprechen mit dem Arzt, der ihnen auch ein paar Hinweise gibt, wie sie sich verhalten sollen.

Führe dieses Gespräch fort. Schreibe etwa 120 Wörter.

Arzt: *Was ist passiert?*
Vater: *Er ist völlig unterkühlt. Ich weiß auch nicht, was er da draußen gemacht hat, ich habe ihn auf der Terrasse sitzend gefunden.*
Mutter: *Wird er es überstehen, Herr Doktor?*

Nach dem Lesen der einzelnen Abschnitte: Inhalte wiederholen

Lese-Etappe 5: Kapitel 17 bis 20

Kapitel 17

Achte auf ...
- Adrians Gefühle.
- Stellas Sicht der Dinge.
- Stellas Aussagen über Dato.
- das Gespräch von Adrians Eltern.

77 Adrian und Stella sind sich fremd geworden. Notiere zwei Zitate aus Kapitel 17, die dies belegen.

78 Kreuze passende Aussagen an.

Stella sagt über Dato, ...

- [ ] ... dass sie in ihn verliebt ist, weil er kleiner ist als Adrian.
- [ ] ... dass sie in ihn verliebt ist und er auch in sie.
- [ ] ... dass er gut singen kann und ihr Lieder aus Swanetien vorsingt.
- [ ] ... dass er in Deutschland geboren wurde.
- [ ] ... dass er oft nach Adrian fragt und an ihm interessiert ist.
- [ ] ... dass Dato Stella schon kannte, als sie das erste Mal geklingelt hatten.

79 Erkläre mit eigenen Worten, was Adrian in der folgenden Textstelle schlagartig bewusst wird und wie er sich nach seiner Erkenntnis fühlt.

> „Es ist nicht, weil er kleiner ist. Es ist, weil er Dato ist." (S. 153)

42 SCHNEERIESE

80 Ergänze den Lückentext.

Während Stella weinend über _____ , dessen Familie und über ihre Freundschaft zu _____ spricht, kann Adrian dies kaum ertragen und verkriecht sich unter _____ . Stella geht schließlich. Außer großer Traurigkeit verspürt Adrian dann auch _____ . Er geht in die Küche, trinkt _____ und isst _____ . Er belauscht ein Gespräch seiner _____ . Seine Mutter ist überzeugt davon, dass Adrian einen _____ begangen hat und einen Psychologen aufsuchen sollte. Adrians Vater ist _____ Meinung. Adrian möchte seine Eltern beruhigen. Er geht zu ihnen und erklärt, dass er nicht _____ und auch nicht _____ sein wollte. Dann fällt er auf dem _____ in Ohnmacht.

Kapitel 18

Achte auf …
- die Stellen, die deutlich machen, dass es Adrian jetzt besser geht.
- die ungewöhnliche Situation am Dreitotenhaus.
- das, was Adrian im Zimmer oben im Dreitotenhaus sieht.

81 Richtig oder falsch? Kreuze an und verbessere falsche Aussagen.

	richtig	falsch
An Silvester kann Adrian das Bett wieder verlassen. *Korrektur:*	☐	☐
Seine Eltern sind seit seiner Aussage bezüglich der kältesten Nacht erleichtert. *Korrektur:*	☐	☐
Adrians Eltern fragen hin und wieder nach Stella. *Korrektur:*	☐	☐
Sobald es Adrian besser geht, beginnt er, wieder zu zeichnen. *Korrektur:*	☐	☐
Die Skizzenblöcke sind im Angebot gewesen und deshalb von schlechter Qualität. *Korrektur:*	☐	☐
Um den 10. 1. steht Adrian schließlich auf und geht aus dem Haus. *Korrektur:*	☐	☐
Er hat sich bewusst warm eingepackt, mit Schal, dicker Jacke und Stiefeln. *Korrektur:*	☐	☐
Er geht direkt zum Dreitotenhaus. *Korrektur:*	☐	☐

Nach dem Lesen der einzelnen Abschnitte: Inhalte wiederholen

	richtig	falsch
Beim Dreitotenhaus hat sich eine große Menschenmenge versammelt. *Korrektur:*	☐	☐
Adrian geht ins Haus, dort aber nicht zu den anderen, sondern die Treppe hinauf. *Korrektur:*	☐	☐
In dem Bett liegt die von ihm und Stella von Anfang an vermutete Leiche. *Korrektur:*	☐	☐

Kapitel 19

Achte auf ...
- Informationen zur Flucht von Tamars Familie.
- die Geschichte von Tamars Vater.
- Adrians Reaktion auf die Situation.

82 Ordne die Informationen zu Tamars Familiengeschichte.

Bringe sie in die zeitlich richtige Reihenfolge, indem du die Ereignisse nummerierst.

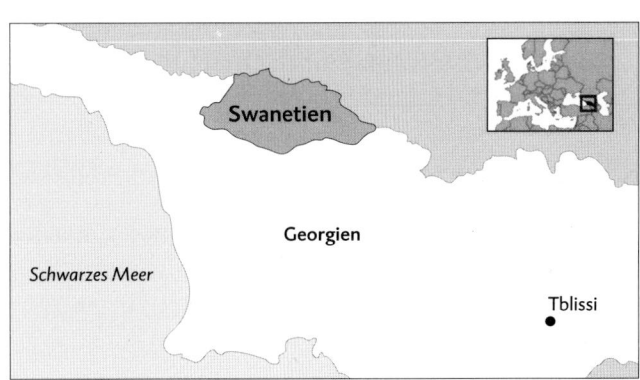

	Die Familie des Toten schwört Blutrache.
	Tamar lebt mit Wachtang, ihren Brüdern und ihren Eltern in Mestia.
	Der Vater wird nach seinen Schlaganfällen von seiner Frau gepflegt.
	Tamars Bruder tötet versehentlich einen jungen Mann.
	Tamars Eltern bleiben in Tbilissi, bei der Schwester ihrer Mutter.
	Tamar reist zur Beerdigung ihrer Mutter.
	Die ganze Familie flüchtet nach Tbilissi.
	Der Vater sieht immer trauriger aus.
	Tamars Mutter stirbt in Tbilissi.
	Mit einem Besuchervisum holen Tamar und ihr Mann ihren Vater nach Deutschland.
	Der Vater sagt ihr, dass er nicht bei der Schwester seiner Frau bleiben möchte.
	Tamar und Wachtang fliehen weiter nach Deutschland.

SCHNEERIESE

83 Warum muss es unbedingt geheim bleiben, dass Tamars Vater in Deutschland ist? Beantworte die Frage mit einem vollständigen Satz.

_____
_____
_____

84 Tamar bittet Adrian, ihren Vater nicht zu verraten. Wie reagiert er darauf? Kreuze an.

☐ Er verspricht ihr, den Vater nicht zu verraten.
☐ Da er Dato schaden möchte, sagt er, er könne das nicht versprechen.
☐ Ohne wirklich zu reagieren, verlässt er das Dreitotenhaus.
☐ Adrian wird wütend und schreit, dass er den Vater verraten werde.

85 Adrian beobachtet, wie vertraut Dato und Stella sich sind. Nenne ein Beispiel dafür.

_____

Kapitel 20

Achte auf ...
- die Art, wie Adrian mit seinem Liebeskummer umgeht.
- das Anliegen von Misses Elderly.

86 Adrian hat zwei Möglichkeiten gefunden, die ihm helfen, mit seinem Kummer umzugehen. Welche sind das? Notiere sie in den Kästen.

Möglichkeit 1:

Möglichkeit 2:

87 Misses Elderly glaubt an Adrian und äußert das auch anderen gegenüber. Schreibe einen Satz aus Kapitel 20 auf, dem man das entnehmen kann.

_____
_____
_____

88 Nachdem Adrian das Dreitotenhaus ganz plötzlich verlassen hat, stattet ihm Misses Elderly einen Besuch ab. Erkläre mit eigenen Worten, was Misses Elderly durch ihren Besuch bei Adrian erreichen möchte.

_____

_____

_____

_____

_____

_____

Aufgaben zu Lese-Etappe 5

89 Ordne den Kapitelüberschriften die Kapitelnummern zu.

Überschrift	Kapitelnummer
Die „Leiche"	
Entschuldigung erwünscht	
Krankenbesuch von Stella	
Das Besuchervisum	

90 Ordne den Zusammenfassungen die Kapitelnummern zu.

> Stella sitzt neben Adrians Bett und sie sprechen einige Zeit gar nicht. Adrian ist sich bewusst, dass er vermutlich schrecklich aussieht: blass und mit fettigem Haar. Stella sagt schließlich, dass die Misses ihr gesagt habe, sie solle nach Adrian sehen. Sie fragt, wie „es" passiert sei, aber Adrian erzählt es ihr nicht. Er fragt sie, warum sie die Terrassentür verschlossen habe. Doch Stella erklärt, dass sie das nie getan habe und dass es möglicherweise Olivia gewesen sei. Adrian will wissen, ob Stella deshalb mit Dato zusammen sei, weil dieser kleiner ist als er. Stella beginnt schließlich zu **weinen**, das erste Mal überhaupt in Adrians Gegenwart. Sie sagt, dass sie es nicht mehr aushalte und sie nicht wisse, weshalb sich Adrian ihr gegenüber so anders verhalte. Sie sagt auch, dass sie und Dato **ineinander verliebt** seien und sie gerne mit Adrian über Dato sprechen würde. Adrian kann das nicht ertragen und **verkriecht sich** einfach unter seiner Bettdecke bis Stella weg ist. Er ist **traurig**, irgendwie aber auch **erleichtert**. Das erste Mal seit Tagen hat er Hunger und das Bedürfnis, aufzustehen. Er geht in die Küche und isst und trinkt. Durch die offene Wohnzimmertür hört er, dass **seine Eltern darüber diskutieren**, ob Adrians Aktion ein **Selbstmordversuch** gewesen sei oder nicht und ob Adrian zu einem Psychologen gehen solle. Er geht zu seinen Eltern hinüber und sagt ihnen, dass es keine Absicht gewesen sei und er **nicht sterben** wollte. Dann fällt er vor dem Sofa in Ohnmacht.

> Adrian ist schockiert und rennt die Treppe hinunter. Dort stößt er auf **Tamar und ihren Mann Wachtang**. Tamar schiebt ihn in die Küche, in der unter anderem Misses Elderly, Dato und Stella sind. Sie erklärt ihm, dass der **Mann im Krankenbett ihr Vater**, **Waliko**, sei und sie gerade eine Silvesterfeier für ihn planten, da das **orthodoxe Silvester** zwei Wochen später sei und somit erst jetzt bevorstünde.

Tamar erzählt Adrian von ihrer **Flucht aus Georgien:** Nachdem ihr Bruder versehentlich einen jungen Mann getötet hatte und dessen Familie **Blutrache geschworen** hatte, floh die ganze Familie zunächst von Mestia nach Tbilissi. Tamars Eltern wollten Georgien nicht verlassen und blieben bei der Schwester von Tamars Mutter in Tbilissi, während Tamar und ihr Mann **nach Deutschland flohen.** Tamars Vater erlitt in Tblissi schließlich zwei Schlaganfälle und Tamars Mutter pflegte ihn danach, bis sie starb. Tamars Tante und ihre Töchter übernahmen die Pflege von Waliko, doch dieser fühlte sich bei ihnen nicht wohl. Als Tamar zur Beerdigung ihrer Mutter kam, sagte Waliko ihr, dass er nicht in Tbilissi bleiben wolle. Schließlich bekamen sie ein **Besuchervisum** für ihn, das eigentlich nur drei Monate gültig ist. Er blieb danach jedoch einfach in Deutschland, wo er inzwischen seit über zwei Jahren lebt. Das darf allerdings niemand erfahren, da er sonst nach Georgien abgeschoben werden würde. Tamar bittet Adrian deshalb, Waliko nicht zu verraten. Nachdem Adrian sieht, wie vertraut Stella und Dato miteinander sind, ist er plötzlich wieder so wütend, dass er davon stürmt, **ohne zu versichern,** dass er Waliko **nicht verraten** werde. Adrian ist gekränkt, weil man ihm den Verrat zugetraut hat, und wünscht sich gleichzeitig, Waliko zu verraten. Er sehnt sich danach, Dato zu schaden, hat aber auch Verständnis für die Sorgen der Bendelianis.

Adrian muss noch einige Zeit im Bett verbringen, weil er so geschwächt ist. Seine Eltern scheinen aber nach seiner Aussage erleichtert und beruhigt zu sein und **Adrians Zustand bessert sich** stetig. Er beginnt, wieder zu zeichnen, zunächst ein **Porträt von Misses Elderly**, dann zeichnet er seine **zerrissenen Bilder neu.** Einige Tage nach dem Dreikönigstag fühlt er sich kräftig genug, um aufzustehen, zu duschen und – warm angezogen – **draußen spazieren zu gehen**. Der Spaziergang endet am **Dreitotenhaus**, vor dem viele Menschen versammelt sind. Eine Frau mit starkem Akzent fragt Adrian, ob er mit ins Haus komme. Adrian weiß nicht, worum es geht, lässt sich aber von der Frau ins Haus führen. Drinnen geht er jedoch nicht den anderen nach, sondern steigt die Treppe hinauf. Eine der **Türen steht einen Spalt offen** und Adrian geht in das Zimmer. Im Bett sieht er die **vermeintliche Leiche** liegen: einen alten Mann mit Schnauzbart, der dann zu Adrians Schrecken aber plötzlich die Augen öffnet.

Adrian läuft noch zwei Stunden draußen herum, bis er nach Hause geht. Seine Eltern haben sich schon Sorgen gemacht und sind erleichtert, dass er wohlbehalten zurückkehrt. In den nächsten Tagen **schämt er sich für sein Verhalten**, ist aber auch **unglücklich**, wenn er an Stella und Dato denkt. Wenn ihn die Trauer überkommt, **geht er draußen spazieren oder zeichnet**, bis es ihm besser geht. Ein paar Tage später besucht ihn **Misses Elderly**. Sie möchte, dass er sich **bei Tamar entschuldigt**. Als Adrian sagt, er habe Datos Opa doch gar nicht verraten, entgegnet ihm Misses Elderly, dass es ja auch mehr darum gehe, dass er allen Angst eingejagt habe. Sie sagt, sie hätte den Bendelianis versichert, dass er sie nie verraten würde. Obwohl er bei der Geschichte mit dem Engländer behauptet hatte, er hätte an Misses Elderlys Stelle die Frau des Engländers verraten, glaubt die Misses an ihn. Sie erklärt ihm, dass die Bendelianis vorher in einer kleinen Wohnung gelebt haben und sich die Chance auf das billige Haus nicht entgehen lassen wollten, auch wenn die Leute sagen, dass es verflucht sei.

Schreibaufgabe

91 Stella geht der Besuch bei Adrian nicht mehr aus dem Kopf. Sie ist traurig, begreift aber langsam, warum Adrian sich so abweisend verhält und wie es vielleicht zu seinem Zustand gekommen sein könnte. Wieder zu Hause angekommen, notiert sie ihre Gedanken in ihrem Tagebuch.
Schreibe Stellas Tagebucheintrag im Umfang von etwa 150 Wörtern.

Nach dem Lesen der einzelnen Abschnitte: Inhalte wiederholen

Lese-Etappe 6: Kapitel 21 bis 23

Kapitel 21

Achte auf ...
- Adrians Eltern.
- Adrians Spaziergang.
- Adrians nächtlichen Besuch im Dreitotenhaus.
- Adrians Begegnung mit Waliko.

92 Warum sind Adrians Eltern lange nicht mehr ausgegangen oder bei Freunden gewesen? Liste die Gründe stichpunktartig auf.

1 _____
2 _____
3 _____

93 Adrian beschließt, einen Nachtspaziergang zu machen. Dabei denkt er über vieles nach. Notiere vier Gedanken, die ihm beim Spaziergang durch den Kopf gehen könnten.

94 Während seines Spaziergangs denkt Adrian auch kurz an Stella. Lies das folgende Zitat aus Kapitel 21 und erkläre die Aussage des Zitats mit eigenen Worten.

> „Adrian fragte sich, was Stella wohl gerade tat. […] Und weil ihn die Antwort nicht im Geringsten interessierte, zog er den Kragen hoch und lief schneller durch die Nacht, so lange, bis er Stella vollständig ausgeatmet hatte und endlich wieder leichter war." (S. 179)

_____
_____
_____
_____
_____
_____

95 Adrian beschließt auf dem Heimweg, am Dreitotenhaus zu klingeln, um sich für sein Verhalten beim letzten Besuch zu entschuldigen.
Entscheide für jede Frage, welche der beiden Antworten passender ist und kreuze entsprechend an.

a Adrian zögert und will zunächst nicht klingeln. Warum klingelt er doch am Dreitotenhaus?
- ☐ In Walikos Zimmer brennt noch Licht.
- ☐ Alle Fenster sind hell erleuchtet.

b Wer öffnet ihm die Türe?
- ☐ Tamar öffnet die Tür und im Hintergrund steht Stella, die offensichtlich verärgert ist.
- ☐ Alle Bewohner des Hauses sowie deren Gäste kommen zum Öffnen an die Tür.

c Eigentlich wurde jemand anderes erwartet. Auf wen haben die Bendelianis gewartet?
- ☐ Es wurde der „Mekwle" erwartet. Laut einem georgischen Brauch ist der Erste, der im neuen Jahr klingelt, ein Glücksbote.
- ☐ Erwartet wurde ein deutscher Freund der Familie. Er sollte Essen bringen und allen Anwesenden Glück im neuen Jahr bescheren.

96 Adrian will eigentlich wieder gehen, steht dann aber vor Walikos Krankenbett. Waliko scheint auf etwas zu warten. Was denkt Adrian, worauf er wartet? Formuliere deine Antwort in einem vollständigen Satz.

_____
_____

Kapitel 22

> **Achte auf ...**
> - die Art, wie es Waliko gelingt, Adrian zum Reden zu bekommen.
> - das, was Adrian Waliko erzählt.
> - Tamars Reaktion auf das Zusammentreffen von Waliko und Adrian.

97 Richtig oder falsch? Kreuze an.

	richtig	falsch
Der alte Waliko klopft auf Adrians Arm. Daraufhin fängt Adrian an, zu erzählen.	☐	☐
Adrian berichtet dem Alten von der kältesten Nacht und sagt, dass er nicht sterben wollte.	☐	☐
Adrian erzählt, dass er nur kurz gedacht hat, dass er ohne Stella nicht leben will.	☐	☐
Adrian erzählt davon, wie er und Stella durch einen Nadelstich Blutsbrüder wurden.	☐	☐
Adrian redet sich alles von der Seele und weint dabei.	☐	☐
Adrian gibt Waliko gegenüber zu, dass er in Stella verliebt ist.	☐	☐
Waliko möchte, dass Adrian seinen Kummer in Alkohol ertränkt.	☐	☐
Waliko führt mit Adrian ein Trinkritual durch, weil ihn Adrian offenbar beeindruckt hat.	☐	☐
Tamar sagt, dass Waliko kein Wort Deutsch versteht. Adrian ist aber anderer Meinung.	☐	☐

Kapitel 23

> **Achte auf ...**
> - die Veränderung, die Adrian bei seinen Eltern feststellt.
> - das Treffen mit Misses Elderly auf der Hollywoodschaukel.
> - die Begegnung mit Stella.
> - Stellas Geschenk für Adrian.

98 Welche Veränderungen fallen Adrian im Verhalten seiner Eltern auf? Vervollständige die Satzanfänge mithilfe der Lektüre.

a Seine Mutter hat nie wieder _____

b Sein Vater hat keine Fotos von _____

c Seine Eltern haben nie etwas zu seinen hervorstehenden Rippen gesagt, aber _____

50 SCHNEERIESE

99 Adrian kann sich im April überwinden, wieder auf die Terrasse zu gehen. Was hat ihn bisher davon abgehalten? Kreuze alle zutreffenden Aussagen an.

☐ die Furcht vor der Erinnerung an die „kälteste Nacht"
☐ die Angst davor, Stella auf der Terrasse zu begegnen
☐ die Angst davor, Stella zusammen mit Dato zu sehen
☐ die vielen Kindheitserinnerungen, an die er nicht denken möchte

100 Auf der Terrasse trifft Adrian Misses Elderly. Sie sagt zu Adrian: „Das ist bis dato der wärmste Frühlingstag." (S. 198)

a Erkläre, warum Adrian daraufhin „Stopp!" ruft.
_____
_____

b Was bedeutet die Formulierung „bis dato"? Kreuze an.
☐ bis damals
☐ bis zum Winter
☐ bis gestern
☐ bis jetzt

101 Adrian und Stella treffen auf der Terrasse aufeinander. Was genau wird gesprochen? Schreibe das Gespräch auf.

STELLA:	Ist hier noch ein Platz frei?
MISSES ELDERLY:	_____
STELLA und ADRIAN:	_____
STELLA:	_____
ADRIAN:	_____
STELLA:	Ach! Hast du's endlich auch kapiert? Beinah hätte ich's vergessen. Das ist für dich. Kostet fünf Riesen!
ADRIAN:	_____
STELLA:	_____

Nach dem Lesen der einzelnen Abschnitte: Inhalte wiederholen

102 a Was befindet sich in der Tüte, die Adrian von Stella bekommt? Kreuze an.
- [ ] ein Heft
- [ ] ein zerfleddertes Heft
- [ ] ein dunkelblaues zerfleddertes Schulheft
- [ ] ein blaues, ein bisschen beschmiertes, zerfleddertes Schulheft
- [ ] ein blaues, ein bisschen beschmiertes, zerfleddertes Schulheft mit Stellas Schrift darauf
- [ ] ein dunkelblaues, ein bisschen beschmiertes, zerfleddertes Schulheft mit Stellas kleiner und krakeliger Schrift darauf

b Wie ist das Heft beschriftet? Fülle den Aufkleber aus.

103 a Vervollständige den Satz.

Adrian blättert im Heft und findet dort Daten, _____

_____

b In Stellas Heft stehen unter anderem die folgenden großwüchsigen Dinge. Verbinde sie richtig miteinander.

größte Blume der Welt	Seepocke
größter Volltrottel der Welt	Llanfairpwllgwyn…
längster Tunnel der Welt	Titanenwurz
längster Penis im Tierreich	Adrian Theiß
längster Ortsname der Welt	Seikan-Tunnel in Japan (53,9 km)

104 Notiere vier Dinge, die Adrian an Stellas Geschenk besonders glücklich machen. Schreibe ganze Sätze.

_____

_____

_____

_____

Aufgaben zu Lese-Etappe 6

105 Ordne den Kapitelüberschriften die Kapitelnummern zu.

Überschrift	Kapitelnummer
Das weltberühmte Buch der großwüchsigen Dinge	
Georgisches Neujahr – die Entschuldigung	
Gespräch mit Waliko	

106 Ordne den Zusammenfassungen die Kapitelnummern zu.

	Eigentlich will Adrian nicht im Dreitotenhaus bleiben, weil auch Stella und Dato dort sind. Der alte Waliko klopft aber auf merkwürdige Weise an Adrians Arm und scheint eine Art Tür in seinem Innern zu öffnen, sodass **Adrian anfängt, Waliko alles zu erzählen**. Er erzählt, dass er nicht sterben wollte, aber es ihm für einen kurzen Moment egal gewesen wäre, wenn er gestorben wäre. Er berichtet Waliko, dass er Stella schon ewig kenne und dass sie ihm fehle und davon, wie sie sich für immer „Blutsbrüderschaft" geschworen haben. Er weint und erzählt Waliko sogar, dass er in Stella verliebt sei. Es scheint, als ob Waliko alles versteht, obwohl er eigentlich **kein Wort Deutsch** spricht. Waliko führt mit Adrian ein **georgisches Trinkritual** durch, bei dem viel Georgischer Wodka getrunken wird. Adrian spürt, wie gut es ihm tut, dass er sich alles von der Seele reden konnte.
	Adrians Eltern gehen nach längerer Zeit wieder miteinander aus und lassen Adrian allein zu Hause. Er weiß zuerst nicht, was er unternehmen soll. Schließlich beschließt er, einen **Nachtspaziergang** zu machen. Er denkt an Stella und daran, dass er sich noch bei den Bendelianis entschuldigen muss. Als er um Mitternacht am **Dreitotenhaus** vorbeikommt, ist dieses hell erleuchtet und er hört sogar Musik. Er klingelt und eine ganze Festgesellschaft öffnet ihm. Es wird gerade das georgische Neujahrsfest gefeiert und alle haben auf den **Glücksboten**, den sogenannten **Mekwle**, gewartet. Der „Mekwle" ist immer der Erste, der im neuen Jahr am Haus klingelt und das ist in diesem Jahr Adrian. Er wird freundlich empfangen und ins Haus gebeten. Nach kurzer Zeit landet er im Schlafzimmer des **alten Waliko**, der ihn erwartungsvoll anschaut und schließlich ohne Worte dazu ermuntert, mit ihm zu sprechen.
	An einem Nachmittag im April kann sich Adrian endlich überwinden, wieder auf die Terrasse zu gehen. Bisher hatte er Angst, dass er dort auf Stella treffen könnte. Er geht zur **Hollywoodschaukel**, die neue Polster hat, und setzt sich zu Misses Elderly. Sie sagt, dass es Zeit wurde, dass er komme. Plötzlich taucht Stella auf und setzt sich ebenfalls neben Misses Elderly. Sie sprechen zwar fast nichts, aber das Schweigen fühlt sich besser an als bei ihrem letzten Treffen. Stella gibt Adrian eine Tüte mit einem **Geschenk**. Es ist ein zerfleddertes blaues Heft, auf das Stella den Titel **„Das weltberühmte Buch der großwüchsigen Dinge"** geschrieben hat. In dem Heft hat sie alles notiert, was auf der Welt besonders groß oder lang ist. Adrian ist glücklich und liest Misses Elderly daraus vor. Ganz besonders freut ihn, dass Stella vorne in das Heft „Für Einsneunzig, Mit Hochachtung" geschrieben hat. Er weiß nun, **dass er Stella wichtig ist** und er und Stella immer irgendwie verbunden bleiben werden.

Schreibaufgabe

107 Wähle eine der beiden folgenden Schreibaufgaben aus und bearbeite sie.

a Als Adrian das Heft, das Stella ihm geschenkt hat, schließt, spürt er so etwas wie Hoffnung in sich aufsteigen. Ihm wird klar, dass Stella zwar Dato liebt und nicht ihn, dass sie aber trotzdem weiterhin seine Freundin sein könnte. Er spürt, dass es sich mittlerweile nicht mehr so anfühlt, als ob er Stella ganz verlieren würde, und dass es vielleicht an der Zeit ist, einen Schritt auf sie zuzugehen.

Er beschließt, Stella einen Brief zu schreiben und ihr für das tolle Geschenk zu danken. Er möchte sich für sein Verhalten entschuldigen und ihr sagen, dass er gerne weiter mit ihr befreundet sein will.

Führe den folgenden Brief von Adrian an Stella fort. Schreibe mindestens 100 Wörter.

Liebe Blutsschwester (oder gilt das ohne Blut und mit Ersatzwein nicht?),

in einem weltberühmten Buch habe ich gelesen, dass ich zur Spezies der weltgrößten Volltrottel gehöre. Und ob es mir gefällt oder nicht, muss ich der Autorin leider recht geben. Gleichzeitig gehöre ich noch in die Abteilung der größten Eifersuchtsbrocken und der weltdoofsten Freundschaftenaufsspielsetzer ...

b Misses Elderly und Stella sprechen nach dem Zusammentreffen auf der Hollywoodschaukel über die Geschenkübergabe. Stella beschreibt, was sie über Adrians Gefühle weiß, und spricht darüber, was in den vergangenen Monaten schiefgelaufen ist.

Führe das folgende Gespräch fort. Schreibe mindestens 100 Wörter.

MISSES: *Das war eine wunderbare Idee von dir. Ich bin stolz auf dich.*

STELLA: *Es hat sich noch komisch angefühlt, wie auf wackeligen Beinen, aber ich bin erleichtert, dass ich ihm das Heft gegeben habe. Wie hat er denn reagiert?*

MISSES: *Ich habe ihn gezwungen, nachzuschauen, was in der Tüte ist. Als er das Heft herausgeholt und deine Schrift erkannt hat, sind ihm gleich die Tränen in die Augen geschossen.*
...

54 SCHNEERIESE

D Nach dem Lesen: Textkenntnis vertiefen und überprüfen

Figurenkonstellation

108 Die Abbildung zeigt dir noch einmal auf einen Blick, welche Figuren im Roman „Schneeriese" eine Rolle spielen und in welcher Beziehung sie zueinander stehen.
Sieh dir aufmerksam an, welche Informationen vorgegeben sind, und trage dann die Namen der Figuren in die passenden Kästchen ein.

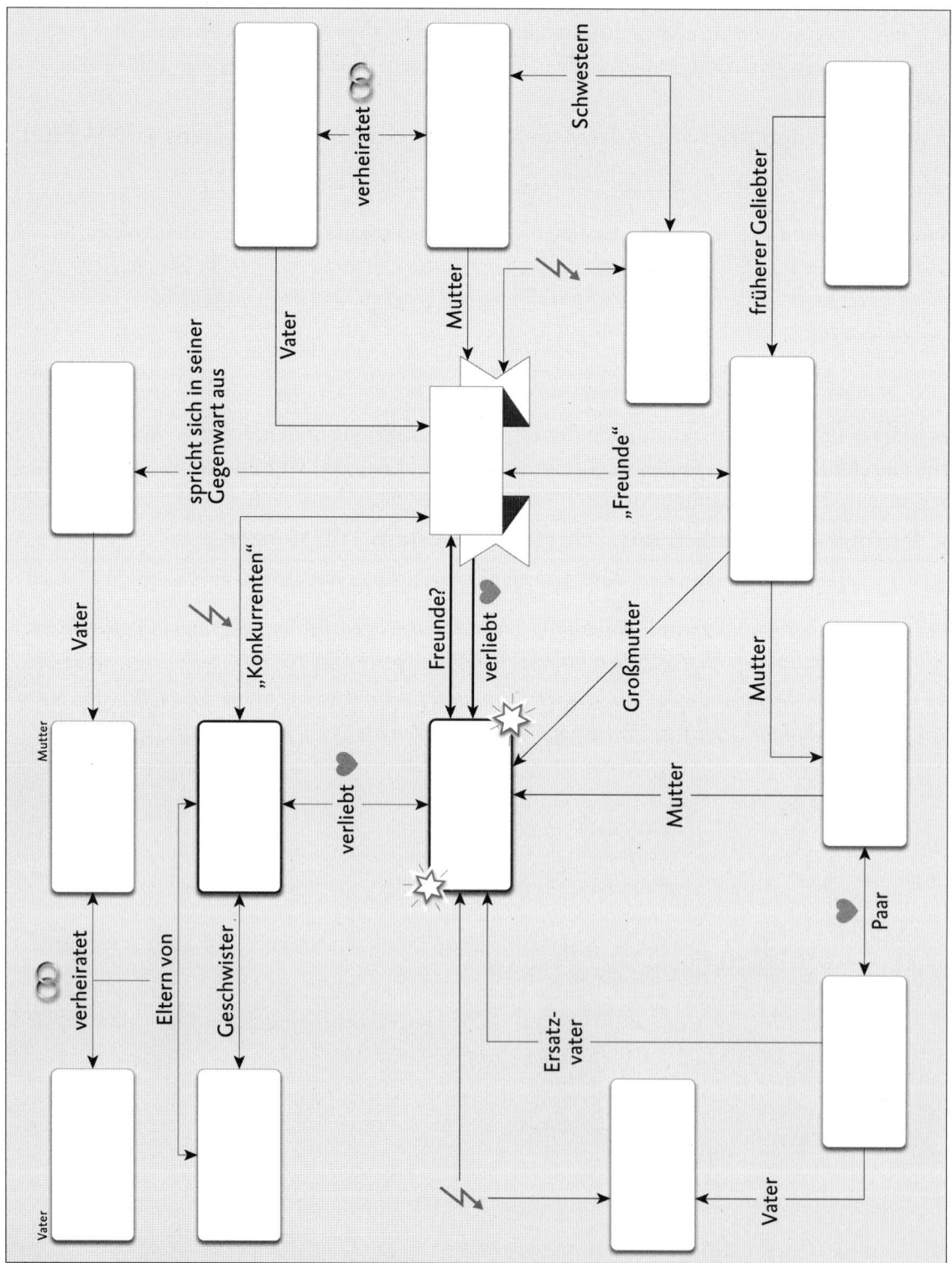

Selbsttest: Textkenntnis überprüfen

109 Im Buch kommen georgische Wörter vor. Was bedeuten sie?
Verbinde jedes georgische Wort mit der passenden Erklärung/Übersetzung.

Dediko		Georgisches Käsebrot
Chatschapuri		Glücksbote
Chinkali		Trinkritual
Mekwle		Mama
Tschatscha		Teigtaschen
supra		Georgischer Wodka
Tamada		Tischführer

110 Auf welche Figur des Romans trifft die jeweilige Aussage zu?
Ergänze vor jeder Aussage den passenden Namen.

Name der Person	Die Person …
	geht in die achte Klasse eines Gymnasiums.
	besitzt zwei benachbarte Häuser und vermietet das eine.
	möchte ihren Freund davor schützen, in seiner Größe ein Problem zu sehen bzw. sich den Spott der Mitschüler zu sehr zu Herzen zu nehmen.
	hat einen Bruder, der (unbeabsichtigt) einen jungen Mann getötet hat.
	hatte ein Alkoholproblem.
	spricht kein Deutsch.
	lebt illegal bzw. nur mit einem Besuchervisum in Deutschland.
	pflegt nicht nur einen Todkranken, sondern kümmert sich auch täglich um den kranken Adrian.
	hat selbst schlechte Erfahrungen mit der eigenen Größe gemacht und möchte ihren Sohn vor Ähnlichem bewahren.
	kann ausgesprochen gut zeichnen und belegt bei einem Zeichenwettbewerb den dritten Platz.
	färbt ihre Haare rot und raucht Vanilletabak.

	heißt mit Nachnamen Theiß, ist korpulent und über 2 m groß.
	hat einen kleinen Sprachfehler (Lispeln).
	heißt Helene, will aber nicht so genannt werden.
	bringt Adrian, als er krank ist, jeden Tag einen georgischen Tee.
	stammt eigentlich aus Swanetien. Lebte nach seiner Flucht zuerst in Tbilissi und wurde dort von seiner Frau gepflegt.
	macht Yoga und hat eine Vorliebe für Kräutertee.
	lernt viele Jahre lang die rekordverdächtig größten Dinge auswendig, um Adrian das Gefühl zu geben, dass mit ihm alles in Ordnung ist.
	hat ihren Spitznamen von einem verheirateten englischen Pförtner des Landratsamts, in den sie verliebt war und mit dem sie eine geheime Beziehung hatte.
	ist der angebliche „Tote", der auf der Bahre ins Dreitotenhaus getragen wurde.
	erfindet den Begriff „Schneeriese" als Gegenbegriff zum „Schneeengel".
	hat blonde Haare und wunderschöne blaue Augen.
	hat Tamars Vater aus Georgien geholt.
	geht auf dieselbe Schule wie Stella.
	ist die kleine Schwester von dem Jungen, in den Stella verliebt ist.
	wird von Adrian als „maßgeschneidert und schönäugig" sowie als „Schnösel" beschrieben und spricht akzentfrei Deutsch.
	ist der verheiratete Mann, den alle den „Engländer" nennen.
	ist die Schwester von Adrians Mutter.
	ist der Freund von Stellas Mutter und wird von Stella und Adrian „Bartersatz" genannt.
	wird von Stella „gefälschte Schwester" genannt.

Nach dem Lesen: Textkenntnis vertiefen und überprüfen

Checkliste zum Buch

Hier kannst du dir noch einmal einen Überblick über die wichtigsten Themen aus der Ganzschrift verschaffen. Du solltest nach dem Lesen in der Lage sein, die folgenden Fragen zum Inhalt der Lektüre zu beantworten. Notiere dir zu jedem Oberpunkt auch, in welchem Kapitel bzw. welchen Kapiteln du Informationen dazu findest.

Buchtitel „Schneeriese"
- In welchem Kapitel und auf welcher Seite wird die Bedeutung des Wortes „Schneeriese" deutlich?
- Was ist ein „Schneeriese" und in welchem Zusammenhang kommt die Bezeichnung im Buch vor?

Adrians Verhältnis zu Stella
- Wie war das Verhältnis zwischen Adrian und Stella in ihrer Kindheit?
- Wann und woran hat Adrian gemerkt, dass er in Stella verliebt ist?
- Was hat sich zwischen Stella und Adrian verändert, als Dato ins Nachbarhaus eingezogen ist?

Adrians Verhältnis zu Misses Elderly
- Welche Rolle hat Misses Elderly in Adrians Kindheit gespielt?
- Adrian ist manchmal abweisend und gemein zu Misses Elderly. Wie reagiert sie darauf?
- Wie verhält sich Misses Elderly, als Adrian krank ist?
- Wie lässt sich Adrians „Trauer" um Stella mit Misses Elderlys Trauer um den Engländer vergleichen?

Adrians Verhältnis zur Familie Bendeliani
- Was weiß Adrian über die Familie Bendeliani?
- Wie verhalten sich die einzelnen Familienmitglieder Adrian gegenüber?
- Zum wem aus der Familie entwickelt Adrian eine positive Beziehung?
- Warum kann Adrian Dato nicht ausstehen?

Das „weltberühmte Buch der großwüchsigen Dinge"
- Wer hat es verfasst?
- Was steht darin?
- Für wen wurde es geschrieben?
- Zu welchem Zweck wurde es geschrieben?
- Kannst du Beispiele für „großwüchsige Dinge" nennen, die in diesem Buch stehen?

Adrians Großwüchsigkeit
- Was stört Adrian an seiner Größe?
- Wie will Adrians Mutter gegen seine Großwüchsigkeit vorgehen?
- Warum will Adrians Mutter gegen seine Großwüchsigkeit vorgehen?

E Aufgaben im Stil der Abschlussprüfung

Aufgaben zur Ganzschrift

In einem Teil deiner Abschlussprüfung musst du **Fragen zur Lektüre** „Schneeriese" beantworten und eine kurze **Schreibaufgabe** dazu bearbeiten. Im Folgenden findest du Musteraufgaben zu diesem Teil der Abschlussprüfung. Schreibe deine Antworten auf ein eigenes Blatt.

111 Finde eine Erklärung für den Titel des Buches. In welchem Zusammenhang taucht im Buch der Begriff „Schneeriese" auf? Erkläre in ganzen Sätzen.

112 In ihrer Kindheit haben Stella und Adrian viel Zeit zusammen verbracht. Notiere drei Dinge, die sie gemeinsam gemacht haben.

113 Notiere drei Verhaltensweisen von Adrian, die zeigen, dass er wütend, traurig oder enttäuscht ist. Schreibe vollständige Sätze.

114 Nenne stichpunktartig drei Dinge, die in Stellas „weltberühmtem Buch der großwüchsigen Dinge" stehen.

115 Notiere fünf Informationen, die man als Leser über die Herkunft und Flucht der Familie Bendeliani bekommt.

116 a Erläutere in vollständigen Sätzen, wann und warum sich Adrian Familie Bendeliani gegenüber so gemein und unangemessen verhält.

   b Schreibe einen Entschuldigungsbrief von Adrian an Tamar. Beziehe dich dabei auf die Situationen, in denen Adrian sich gemein verhalten hat, und erkläre, warum er so gehandelt hat. Schreibe einen Text von mindestens 80 Wörtern.

117 a Formuliere in eigenen Worten drei Gedanken, die Adrian durch den Kopf gehen könnten, als er Stellas Geschenk, das „weltberühmte Buch der großwüchsigen Dinge", bekommt und anschaut.

   b Schreibe einen inneren Monolog aus Adrians Sicht, in welchem seine Gedanken und Gefühle über das „weltberühmte Buch der großwüchsigen Dinge" und seine Freundschaft zu Stella zum Ausdruck kommen. Schreibe einen Text von mindestens 80 Wörtern.

118 Stella zeigt durch das „weltberühmte Buch der großwüchsigen Dinge", dass sie weiterhin mit Adrian befreundet sein möchte. In einem kurzen Gespräch am nächsten Tag reden Adrian und Stella endlich über ihre Gefühle, ihre Freundschaft und darüber, wie es ihnen gelingen kann, weiterhin befreundet zu sein. Schreibe dieses Gespräch mit mindestens 100 Wörtern.

Aufgaben im Stil der Abschlussprüfung

Aufgaben zum Sachtext

In Teil A der Abschlussprüfung musst du neben Aufgaben zur Ganzschrift auch einen **Sachtext** bearbeiten, der meist thematisch auf die Lektüre abgestimmt ist. Deine Aufgabe ist es, zunächst einige Aufgaben zum **Textverständnis** zu beantworten. Anschließend folgen Aufgaben zum **Sprachgebrauch**. Lies den folgenden Sachtext zum Thema „Klein- und Großwuchs" und bearbeite die Aufgaben dazu.

kleinwuchs und GROSSWUCHS

1 Die Kleinen leben in einer zu großen, die Großen in einer zu kleinen Welt. Für die einen gehört ständiges Bücken zum Alltag, für die anderen Strecken. Der eine muss sich ins Auto hineinzwängen, der andere braucht eine Sonderanfertigung, um an die Pedale zu kommen. Die alltäglichen Tücken[1] sind jedoch nur ein kleiner Teil der Probleme, denen sich klein- und
5 großwüchsige Menschen stellen müssen im Alltag, im Berufsleben und vor allem als Teil einer genormten Gesellschaft. Wo sie auftauchen, ziehen sie Blicke auf sich. Ein derart exponiertes[2] Leben verlangt der Psyche viel Stärke ab und ist für den Körper wahre Schwerstarbeit.

Wann ist man klein- oder großwüchsig?

Alles ist relativ – auch die Körpergröße. So ver-
10 wundert es nicht, dass selbst Ärzte keine klaren Grenzen ziehen, wann genau Klein- und Großwuchs beginnen. Festgelegt ist jedoch, dass die kleinsten drei Prozent der Bevölkerung als kleinwüchsig und die größten drei Prozent als groß-
15 wüchsig gelten. Groß- und Kleinwuchs genau in Zentimetern auszudrücken, ist recht schwierig. Die durchschnittliche Körpergröße der Menschen ist nämlich einem steten Wandel unterworfen.

Bei der Definition von Kleinwuchs und Groß-
20 wuchs wird eine Geschlechterunterscheidung vorgenommen. So gelten Frauen, die nicht größer als etwa 1,50 Meter werden, als kleinwüchsig, während man bei Männern schon unter einer Körpergröße von etwa 1,65 Meter von Kleinwuchs
25 spricht. Denn nur etwa drei Prozent der Deutschen liegen unterhalb diesen Größen. Zur Gruppe der groß- oder hochwüchsigen Menschen zählt man hingegen Frauen, die über 1,83 Meter groß werden und Männer, die 1,95 Meter über-
30 schreiten.

Bei beiden Wachstumsformen wird zudem eine Unterscheidung in normale und extreme Formen vorgenommen. Beim Kleinwuchs zählen dazu Menschen, die eine Größe von 1,50 Metern
35 nicht erreichen. Von Gigantismus oder Riesenwuchs spricht man meist dann, wenn Menschen die Zwei-Meter-Marke sprengen. […]

Warum sind manche klein und andere so groß?

Die Größe eines Menschen wird maßgeblich
40 durch seine Gene bestimmt. Kleine Eltern haben also in der Regel kleine Kinder, große Eltern große. Es gibt eine Formel, die bestimmt, wie groß ein Kind vermutlich werden wird: Die Körperlänge der Eltern wird addiert und durch zwei
45 geteilt. Bei einem Jungen werden dann noch sechs Zentimeter dazugerechnet, beim weiblichen Nachwuchs werden sie abgezogen.

Demnach gibt es meist familiär bedingten Klein- und Großwuchs. Spätestens im Kindergar-
50 tenalter ist deutlich zu sehen, ob ein Kind besonders klein oder groß bleiben wird, meist ist dies aber schon vorher zu diagnostizieren[3].

Bei den extremeren Formen des Klein- und Großwuchses gibt es unterschiedliche Ursachen.
55 Während der Großwuchs häufig genetisch bedingt ist, seltener durch Hormonstörungen oder gar einen Tumor ausgelöst wird, gibt es rund 450 verschiedene Ursachen, die zu Kleinwuchs führen. Demnach kann eine Behandlung mit Wachs-
60 tumshormonen nur bei wenigen Kleinwüchsigen greifen.

Beim Großwuchs hingegen hilft eine Hormontherapie häufiger. Hierbei wird das Wachstum mithilfe von Hormonen frühzeitig gestoppt. So können etwa zehn Zentimeter Längenwachstum verhindert werden. Allerdings kann ein Erfolg nicht garantiert werden, es kommt auch vor, dass nur zwei Zentimeter Wachstum verhindert werden. Zudem bleibt dieser Eingriff oft nicht ohne Nebenwirkungen wie schwere Akne oder Gewichtsprobleme.

Gesundheitliche Probleme

Sehr kleine und sehr große Menschen müssen nicht nur mit den psycho-sozialen Folgen[4] ihrer körperlichen Besonderheit leben. Die Körpergrößen außerhalb der Norm bringen auch gesundheitliche Einschränkungen mit sich. So sind Rücken- und Gelenkprobleme sowie Haltungsschäden bei beiden Gruppen keine Seltenheit. Und sowohl bei Klein als auch Groß müssen Stoffwechsel und Organe Schwerstarbeit leisten.

Bei den Kleinwüchsigen ist die Hautfläche im Verhältnis zum Körpervolumen relativ groß, der Körper verliert deswegen mehr Wärme. Der Energiehaushalt braucht also viel Nachschub, das Herz muss häufiger schlagen, die Lunge schneller hecheln. Auch das Herz von Großwüchsigen braucht viel Kraft, um das Blut durch den langen Körper zu pumpen. Dies belastet natürlich Herz und Kreislauf. Außerdem ist die Beweglichkeit des Körpers eingeschränkt, da die Bewegungen mit erhöhtem Kraftaufwand verbunden sind. Frühzeitiger Organverschleiß kann die Folge sein.

Hinzu kommt, dass für sowohl Klein- als auch Großwüchsige in einer Welt mit Standardgrößen alles zu groß oder zu klein ist, was für den Körper auf Dauer sehr anstrengend ist. Man stelle sich nur vor, man würde immer auf einem Stuhl sitzen und kann seine Beine nicht abstellen, weil sie zu kurz sind. Oder aber es sitzt sich auf jedem Stuhl wie auf einem Kinderstühlchen, was die Bewegungsfreiheit enorm einschränkt.

Quelle: https://www.planet-wissen.de/natur/anatomie_des_menschen/kleinwuchs_und_grosswuchs/index.html

Anmerkungen
1 Tücken: Ärgernisse, Gefahren
2 exponiert: herausgestellt, bloßgestellt
3 diagnostizieren: erkennen, feststellen
4 psycho-soziale Folgen: Die Größe hat Auswirkungen auf die Psyche und auf die zwischenmenschlichen Kontakte der Betroffenen.

Tipp

Auf der Seite https://www.planet-wissen.de/natur/anatomie_des_menschen/kleinwuchs_und_grosswuchs/index.html findest du ein Video mit dem Titel: Alltag mit 2,22 Meter. ■

Textverstehen

119 Entscheide mithilfe des Textes, ob folgende Aussagen richtig oder falsch sind. Kreuze an.

	richtig	falsch
Wo Großwüchsige auftauchen, ziehen sie die Blicke der anderen Menschen auf sich.	☐	☐
Die Gene eines Menschen bestimmen seine Größe maßgeblich.	☐	☐
Zur Gruppe der großwüchsigen Menschen zählt man Frauen, die über 1,90 Meter groß werden, und Männer, die 1,95 Meter überschreiten.	☐	☐
Wenn Menschen die Zwei-Meter-Marke sprengen, spricht man meist von Riesenwuchs.	☐	☐
Bei einer Hormontherapie wird das Wachstum mithilfe von Hormonen frühzeitig gestoppt.	☐	☐
Es gibt über 500 Ursachen, die zu Kleinwuchs führen können.	☐	☐

Aufgaben im Stil der Abschlussprüfung

120 Suche nach Textstellen, die gleiche oder ähnliche Aussagen wie die folgenden Sätze enthalten. Zitiere die gesuchten Sätze aus dem Text.

a Wenn man kleinwüchsig ist, kommt einem der Rest der Welt zu groß vor, ist man aber großwüchsig, kommt einem der Rest der Welt zu klein vor.

b Kleinwüchsige und großwüchsige Menschen fallen immer auf und werden immer angeschaut.

c Die Gene eines Menschen legen fest, wie groß er wird.

121 a Beschreibe kurz eine Situation, in der eine **kleinwüchsige Person** im Alltag vermutlich Probleme hat.

_____
_____
_____
_____

b Beschreibe kurz eine Situation, in der eine **großwüchsige Person** im Alltag vermutlich Probleme hat.

_____
_____
_____
_____

122 Ordne die Satzanfänge dem richtigen Ende zu. Verbinde dazu Satzanfang und Satzende.

Satzanfang	Satzende
Mithilfe der Körperlänge der Eltern …	… die zu Kleinwuchs führen.
Großwuchs ist häufig …	… sind gesundheitliche Probleme keine Seltenheit.
Es gibt rund 450 verschiedene Ursachen, …	… lässt sich berechnen, wie groß ein Kind vermutlich werden wird.
Bei klein- und großwüchsigen Menschen …	… genetisch bedingt.

Sprachgebrauch

123 Wie kannst du die Schreibung der fett gedruckten Buchstaben in den folgenden Wörtern prüfen? Nenne jeweils eine geeignete Rechtschreibstrategie.

- kleinwüchsi**g**: _____
- entfern**t**: _____
- Me**ss**ung: _____
- **S**chatten: _____
- **B**ehinderung: _____

124 Ergänze in den folgenden Sätzen alle fehlenden Satzzeichen.

a Der Türke Sultan Kösen der 1982 geboren wurde ist 2,51 Meter groß aber noch ein ganzes Stück entfernt von dem größten Menschen der Medizingeschichte

b Der bisher kleinste Mensch dessen Größe jemals gemessen wurde heißt Chandra Bahadur Dangi

c Chandra Bahadur Dangi bekam erst 2012 einen Eintrag ins Guinessbuch der Rekorde weil er bis zu seiner Messung noch nie in der nepalesischen Hauptstadt gewesen war

125 Suche aus dem Text jeweils zwei Beispiele für folgende Wortarten heraus: Verb, Adjektiv, Konjunktion, Pronomen, Präposition, Adverb. Schreibe sie auf und gib auch die Zeile an, in der sie stehen.

Verben		Adjektive	
1.	2.	1.	2.
Zeile:	Zeile:	Zeile:	Zeile:

Konjunktionen		Pronomen	
1.	2.	1.	2.
Zeile:	Zeile:	Zeile:	Zeile:

Präpositionen		Adverbien	
1.	2.	1.	2.
Zeile:	Zeile:	Zeile:	Zeile:

Aufgaben im Stil der Abschlussprüfung

126 Schreibe jeweils einen vollständigen Satz in der vorgegebenen Zeitform. Die Grundform des Verbs und die Zeitform stehen in Klammern.

a Großwüchsigkeit / gesetzlich / nicht als Behinderung **(gelten, Präsens)**

b eine Hormontherapie / für manche Großwüchsige / schwere Nebenwirkungen **(haben, Futur)**

c der Amerikaner Robert Wadlow / 1940 / an einer Infektion **(sterben, Präteritum)**

d Yao Defen / einen Sturz auf den Kopf **(erleiden, Plusquamperfekt)**

127 Finde zu den angegebenen Wörtern aus dem Sachtext jeweils einen anderen Begriff mit gleicher Bedeutung und schreibe diesen auf.

Probleme (Z. 4) _____

Wandel (Z. 18) _____

addiert (Z. 44) _____

128 Bestimme die Adverbialen in ihrer Funktion (lokal, temporal, kausal, modal).

a Großwüchsige leiden <u>im Privatleben</u>.

b <u>Im Oktober</u> ist der Türke Sultan Kösen der größte lebende Mensch.

c <u>Wegen eines Tumors</u> wurden zu viele Wachstumshormone ausgeschüttet.

64 SCHNEERIESE

129 Unterstreiche in den folgenden Sätzen jeweils das Attribut.

a Großwüchsige haben ein schweres Leben.

b Der Alltag großwüchsiger Menschen ist voller Tücken.

c Das Zusammenleben mit kleinwüchsigen Menschen erfordert Rücksichtnahme.

d Männer, die größer als 1,95 m sind, gelten als großwüchsig.

130 a Verberstsatz, Verbzweitsatz oder Verbletztsatz? Ordne den folgenden Sätzen ihre korrekte Bezeichnung zu.

1 Nicht jeder Kleinwüchsige will ins Guinnessbuch.
_____

2 Wurde sein Größenwachstum von einem Tumor ausgelöst?
_____

3 Von Gigantismus oder Riesenwuchs spricht man meist dann, wenn Menschen die Zwei-Meter-Marke sprengen.
_____

b Formuliere selbst einen entsprechenden Satz.

Verberstsatz: _____

Verbzweitsatz: _____

Verbletztsatz: _____

131 Welcher der Sätze steht im Aktiv und welcher im Passiv? Kreuze an.

a Eine Hormontherapie kann Wachstum verhindern. ☐ Aktiv ☐ Passiv

b Zu viele Wachstumshormone werden ausgeschüttet. ☐ Aktiv ☐ Passiv

132 Bestimme für die folgenden Nomen jeweils Genus und Numerus.

	Genus	Numerus
Kleinwüchsigkeit		
Gewichtsprobleme		
Hormone		
Sturz		

LÖSUNGSHEFT

Deutsch

Ganzschrift 2019/2020

„Schneeriese"

von Susan Kreller

STARK

Hauptschulbildungsgang

© 2019 Stark Verlag GmbH
www.stark-verlag.de

Das Werk und alle seine Bestandteile sind urheberrechtlich geschützt. Jede vollständige oder teilweise Vervielfältigung, Verbreitung und Veröffentlichung bedarf der ausdrücklichen Genehmigung des Verlages. Dies gilt insbesondere für Vervielfältigungen, Mikroverfilmungen sowie die Speicherung und Verarbeitung in elektronischen Systemen.

Lösungsvorschläge

A Vor dem Lesen: Vorwissen aktivieren und aufbauen

Der Klappentext

1 a) Unterstreichung bei **Adrian, Stella, Dato**

b)
Adrian	Er ist 14 Jahre alt und wohnt schon immer neben Stella.
Stella	Ihr ist es egal, dass Adrian so groß ist.
Dato	Er zieht mit seiner Familie ins Dreitotenhaus.
Adrian	Er ist sehr groß und soll mal bis zu 2,07 m groß werden.
Stella	Sie ist Adrians beste Freundin.
Stella	Sie nennt Adrian liebevoll Einsneunzig.
Dato	Er und Stella verlieben sich ineinander.
Adrian	Er ist zwar Stellas bester Freund, aber auch in sie verliebt.
Adrian	Er hat furchtbaren Liebeskummer.
Stella	Sie lispelt ein wenig.

2 a) [X] Die Häuser von Stella und Adrian stehen direkt nebeneinander.
[X] Stella und Adrian sind Nachbarn.
[X] Zwischen Adrians Haus und Stellas Haus steht eine Hollywoodschaukel.
[X] Neben Stellas und Adrians Haus steht ein Haus, das Dreitotenhaus genannt wird.
[X] Eine neue Familie zieht in der Nachbarschaft ein.

b)

2 SCHNEERIESE

c)

	richtig	falsch	könnte sein
Adrian und Stella haben als Kinder viel Zeit auf der Hollywoodschaukel verbracht.	X		
Die Hollywoodschaukel steht zwischen den Häusern von Adrian und Stella.	X		
Die Hollywoodschaukel gehört Stellas Familie.			X
Adrian und Stella haben die Schaukel erst als Jugendliche für sich entdeckt.		X	
Auf der Schaukel haben die beiden als Kinder Kakao getrunken.	X		
Sie waren auch auf der Schaukel, wenn es draußen kalt war.			X

Vermutungen zu Zitaten aus dem Buch

3 a) *individuelle Schülerlösung*
b) *Gruppenarbeit*

4 *Gruppenarbeit*

Aufgaben zum Märchen „Die Schneekönigin"

5 *Leseauftrag*

6 a) *Diese Themen sollten eingekreist sein:*
- enge Freundschaft der beiden Kinder
- aus Kindern werden Jugendliche/ Erwachsene
- Bangen/Kämpfen um die Freundschaft
- Kinder wohnen nebeneinander
- einer von beiden wendet sich jemand anderem zu
- zwei Kinder im gleichen Alter
- Freundschaft gerät ins Wanken

b)

Gerda und Kay		Stella und Adrian
Gerda und Kay verbringen nahezu ihre komplette Kindheit in der Dachrinne, die ihre Wohnungen verbindet.	Wohnsituation	Stella und Adrian wohnen nebeneinander und verbringen in ihrer Kindheit viel Zeit auf der Terrasse, die ihre Häuser verbindet.
Sie sind Nachbarn und Freunde und fühlen sich wie Geschwister.	ursprüngliches Verhältnis	Sie sind beste Freunde und wie Geschwister aufgewachsen.
Splitter des Zauberspiegels treffen Kay ins Auge und ins Herz. Daraufhin verändert er sich und distanziert sich von Gerda.	Grund für den Bruch in der Beziehung	Datos Familie zieht in das Haus gegenüber ein. Stella verliebt sich in Dato und es kommt zu einem Bruch in der Freundschaft zu Adrian.
Kay ist von der Schneekönigin fasziniert, bindet seinen Schlitten an ihren und wird von ihr entführt.	andere Figur, der sich Kay bzw. Stella zuwenden	Stella wendet sich Dato zu. Es entwickelt sich eine Liebesgeschichte zwischen ihnen.

7 Im Märchen heißt es am Schluss, dass Kay Gerda wiedererkennt und überglücklich ist. Sie gehen gemeinsam heim. Das hört sich nach einem Happy End an.
Im Klappentext steht, dass Adrian den furchtbaren Liebeskummer überleben und um seine Freundschaft kämpfen muss. Das hört sich nicht so an, als ob für ihn am Ende alles gut ist und seine Liebe erwidert wird.

B Während des Lesens: Personen beschreiben, Themen verstehen

8 *Steckbrief Adrian*
Vorname: Adrian
Nachname: Theiß
Spitzname: Einsneunzig (wird nur von Stella und Misses Elderly verwendet)
Alter: 14 Jahre (Achtklässler)
Aussehen: überdurchschnittlich groß, hat manchmal zu kurze Kleidung an
Wohnsituation: wohnt mit seinen Eltern in einem der „Zwillingshäuser" von Misses Elderly direkt neben der Familie Maraun
Familiensituation: lebt mit seinen Eltern zusammen (hat keine Geschwister)
Mutter: ist selbst großwüchsig und hat als Kind sehr darunter gelitten; möchte, dass Adrian eine Hormontherapie macht; hat Angst davor, dass Adrian noch weiter wächst; macht sich Sorgen um ihren Sohn
Vater: ist über zwei Meter groß, korpulent (= stämmig, dick); kümmert sich erst nach Adrians „Erfrieren" richtig fürsorglich um ihn
Hobbys: Zeichnen („Bahnsteigmenschen"), Musikhören, Zeit mit Stella verbringen, Spazierengehen
Schule: geht in die achte Klasse eines Gymnasiums, eigentlich ein guter Schüler
Stärken, Talente: kann sehr gut zeichnen, nimmt an einem Zeichenwettbewerb teil und wird Dritter
Schwächen, Ängste, Probleme: ist eifersüchtig auf Dato; empfindlich, was die Hormontherapie angeht; aus Eifersucht ungerecht und gemein zu seinen Freunden (Stella, Misses Elderly)

Steckbrief Stella
Vorname: Stella
Nachname: Maraun
Alter: 14 Jahre (Achtklässlerin)
Aussehen: blonde Haare, wunderschöne blaue Augen
Wohnsituation: wohnt mit ihrer Mutter, ihrer Großmutter und ihrem Stiefvater in einem der „Zwillingshäuser", die ihrer Großmutter, Misses Elderly, gehören; wohnt direkt neben der Familie Theiß
Familiensituation: lebt mit ihrer Mutter, ihrer Großmutter und dem Freund ihrer Mutter (Veit) zusammen, ist mit Adrian aufgewachsen, hat eine Stiefschwester
Stiefvater: Veit (wird von Stella „Bartersatz" genannt)
Stiefschwester: Olivia (wird von Stella „gefälschte Schwester" genannt)
Großmutter: Helene oder Misses Elderly (hat ihren Spitznamen von einem verheirateten englischen Pförtner des Landratsamtes, in den sie verliebt war und mit dem sie eine geheime Beziehung hatte)
Hobbys/Interessen: interessiert sich für das Dreitotenhaus, ist neugierig
Schule: Achtklässlerin, geht nicht aufs Gymnasium
Charaktereigenschaften und typische Verhaltensweisen: lispelt leicht; einfallsreich und neugierig; lernt viele Jahre lang die rekordverdächtig größten Dinge auswendig, um Adrian das Gefühl zu geben, dass mit ihm alles in Ordnung ist; möchte ihren Freund davor schützen, in seiner Größe ein Problem zu sehen oder sich den Spott der Mitschüler zu sehr zu Herzen zu nehmen
Stärken, Talente: sie ist selbstbewusst, weltoffen, einfallsreich und findet oft einen Weg, um Adrian zu trösten
Schwächen, Ängste, Probleme: vernachlässigt Adrian zunächst, als sie Dato kennenlernt; leidet unter der Funkstille zu Adrian

9 *individuelle Schülerlösung*

C Nach dem Lesen der einzelnen Abschnitte: Inhalte wiederholen

Lese-Etappe 1: Kapitel 1 bis 4

10 [X] warm
[X] hell
[X] blau

11 Das Meer steht bildlich für Stellas Augen. Adrian sagt, dass das Meer so schön ist, dass selbst Naturgewalten daran „abprallen". Das bedeutet, dass Stellas Augen für Adrian so schön sind, dass diese Schönheit durch nichts getrübt werden kann.

12 Spitzname: Einsneunzig
Größe: 1,94 m
Kleidung: zu kleiner Bugs Bunny-Schlafanzug, neue Jeans und Pullover (passen ihm)
Menschen, mit denen er gerne spricht: Stella, Misses Elderly

13

	wahr	falsch
Stella hat ~~dunkelbraunes~~ Haar. *Korrektur:* aschblondes		[X]
Stellas ~~Haar~~ riecht nach Vanille. *Korrektur:* Haus		[X]
Stella hat eine etwas unbeholfene Art, ihren Stift zu halten.	[X]	
Stella lispelt leicht.	[X]	
Stella lernt seit einigen Jahren die größten und längsten Dinge der Welt auswendig.	[X]	
Stella nennt Adrian immer ~~Einsachtzig~~. *Korrektur:* Einsneunzig		[X]

14 Misses Elderly ist Stellas **Großmutter**. Sie hat Adrian und Stella früher oft **Märchen/„Die Schneekönigin"** vorgelesen. Sie färbt sich die Haare **rot**, raucht Zigaretten, die nach **Vanille** riechen, und hört gerne alte **Schallplatten**. Misses Elderly ist außer Stella die einzige, die Adrian **Einsneunzig** nennt. Früher trank sie zu viel **Alkohol**.

15 Lage: gegenüber von Stellas Haus
Aussehen: Farbe, die an altes Wischwasser erinnert; rostbraune Fensterläden, kein Vorgarten, düstere Eingangstür aus Holz, löchriges Dach
Toter Nummer 1/Todesursache: Biologielehrer/Herzinfarkt
Toter Nummer 2/Todesursache: ältere Frau/fiel von einer Leiter
Toter Nummer 3/Todesursache: Bankangestellte/Blutvergiftung
Haltung der Menschen zu dem Haus: Die Leute sind sich einig, dass das Haus verflucht sein muss, und machen einen großen Bogen darum. Freiwillig würde niemand dort einziehen.

16 Stella, die den Einzug beobachtet, meint, die neuen Bewohner hätten einen Toten auf einer Bahre ins Haus getragen. Dies wäre dann der vierte Tote, daher „Viertotenhaus".

17 Sie sind mit heißem Kakao und Decken auf der Hollywoodschaukel der gemeinsamen Terrasse gesessen und Misses Elderly hat Adrian und Stella aus ihrem Andersen-Buch Märchen vorgelesen.

18 a) Männerpfiff
b) Engländer
c) Willkommen
Erklärungen: Der **Männerpfiff** ist der typische Pfiff von Misses Elderly (zweimal lang, einmal kurz), mit dem sie Stella und Adrian zur Vorlesezeit auf die Terrasse gerufen hat.
In Misses Elderlys Leben gab es einen geheimen und inzwischen verstorbenen **Engländer**, der der Anlass für ihre Namensänderung war.
Misses Elderly hat offenbar ein großes Herz und interessiert sich für alle Mitmenschen. Daher ist sie auch zum Dreitotenhaus gegangen, um die neuen Bewohner **willkommen** zu heißen.

Lösungsvorschläge

19
- [X] Er überragt alle und fällt immer sofort auf.
- [X] Durch seine langen Beine hat er es häufig unbequem, z. B. im Auto oder in der Badewanne.
- [X] Er mag es nicht, dass alle denken, er müsse ein guter Basketballspieler sein.

20
1. Er möchte keine Spritzen bekommen.
2. Er möchte nicht, dass ihm von den Medikamenten schlecht wird.
3. Er möchte keine Pickel von den Hormonen bekommen.

21
- [X] Sie will nach Salz fragen.

22

Die Person …	Name/n
… ist 15 oder 16 Jahre alt.	Dato
… hat schwarze Augen.	Dato, Nino
… scheint zu Adrian weniger freundlich zu sein als zu Stella.	Dato
… ist etwa 5 cm größer als Stella.	Dato
… hat für alle gekocht und den Tisch gedeckt.	Tamar
… sagt, dass Stella und Adrian nun gehen müssen.	Dato
… stammt aus Georgien.	Dato, Nino, Tamar
… verlässt die Küche frühzeitig.	Tamar

23
1. Stella „beschützt" Adrian nicht vor der Frage, wieso er so groß sei.
2. Stella stellt ihn als Adrian und nicht als Einsneunzig vor.
3. Stella ist ungewöhnlich schweigsam.

Auch möglich:
- Stella reagiert genervt auf Adrian.
- Sie isst kaum etwas.
- Stella nimmt die Einladung zum Essen an.

24 Dato ist laut Adrian höchstens 5 cm größer als Stella. Er scheint – im Gegensatz zu Adrian – von der Größe her perfekt als Freund für Stella zu passen: wie maßgeschneidert.

25 Adrian merkt, dass sich seine Beziehung zu Stella in diesen Sekunden verändert hat, da sie seitdem nur noch Augen für Dato hatte. In Andersens Märchen „Die Schneekönigin" bekommt Kay einen Spiegelsplitter ins Auge und wendet sich daraufhin von Gerda ab. Er wird kühl und distanziert. Adrian vergleicht Stellas Verhalten also mit dem von Kay, da auch sie sich ganz plötzlich von Adrian distanziert.

26

Überschrift	Kapitel
Stellas Plan	3
Die Augen von Stella Maraun	1
Dato, Tamar und Nino	2
Neue Bewohner im Dreitotenhaus	4

27

1	Adrian versucht, die Augen von Stella Maraun zu beschreiben. Er vergleicht sie mit dem Meer. Laut Adrians Beschreibung sind sie …
3	Wegen des winterlichen Wetters erinnert sich Adrian an die Zeit, als Misses Elderly ihnen im Winter auf der Hollywoodschaukel …
2	Stella, Adrians Nachbarin, weckt Adrian Anfang November mitten in der Nacht mit einem Anruf. Sie sagt, er solle …
4	Stella und Adrian klingeln am Dreitotenhaus. Ein etwa 15-jähriger Junge namens Dato öffnet. Stella scheint sofort …

28 *So könnte der Tagebucheintrag weitergehen:*
[…] Am liebsten hätte ich gerufen, dass wir jetzt gar nicht mehr rein wollen. Aber ich bin ein alter Feigling und Stella war gleich Feuer und Flamme. Und dann sag ich Depp zu der Frau auch noch Mama, als ob es nicht so schon furchtbar genug gewesen wäre. Und was macht Stella? Sie lacht mich aus! Herzlichen Dank auch! Sie hat sich so anders verhalten. Aber am schlimmsten war Dato! Er meinte ernsthaft, wir sollen für sein Salz bezahlen, weil man es in Georgien nicht verschenken darf. Wer hat jemals so einen Quatsch gehört? Das bringt Unglück, meinte er … Ja, das Unglück ist der Typ schon selbst!

Lese-Etappe 2: Kapitel 5 bis 8

29 „Adrian hatte schon als kleiner Junge gedacht, dass man, wenn es jemanden wie Stella Maraun gab, gar keine anderen Menschen mehr brauchte [...]." (S. 43)
„Zeichnen war die geheimste Art, Stella Maraun zu streicheln." (S. 47)
„Zwei ganze Wochen ohne Stella Maraun." (S. 48)
Auch möglich:
„[...] dass sie, mittelgroß, wie sie war, von Anfang an aus allem, was gut war, herausgeragt hatte." (S. 43)

30

	richtig	falsch	nicht bekannt
Stella hat einen „Ersatzvater" namens Veit, der einen Vollbart trägt.	X		
Stellas leiblicher Vater trug auch einen Vollbart.			X
Stella und ihre „Ersatzschwester" verstehen sich nicht besonders gut.	X		
Stellas „Ersatzschwester" wohnt nicht mehr bei ihnen.	X		
Die Häuser von Stella und Adrian gehören Adrians Großmutter.		X	
Veit ist vor etwa 3 Jahren eingezogen.	X		
Wenn Stella wütend ist, verkriecht sie sich.	X		
Adrian hat vor knapp zwei Jahren das erste Mal den Wunsch verspürt, Stella zu berühren.		X	
Adrian zeichnet häufig Stellas Gesicht.		X	
Stellas „Ersatzschwester" ist nur wenig älter als Stella.		X	
Stellas Vater hat die Familie verlassen.			X

31 Adrians Vater ...
- [X] unterrichtet Studenten.
- [X] wohnt unter der Woche in einer kleinen Wohnung.

32
1. mich fragen, ob ich ihr Gesicht zeichnen will
2. mich jeden Tag anrufen
3. vor meiner Tür stehen und „Los, Beeilung!" rufen
4. mit mir und der Misses auf der Schaukel sitzen
5. sagen, dass Dato ein bescheuerter Name ist
6. mich einfach mal ansehen
7. mich Einsneunzig nennen
8. sagen, dass es ihr leid tut, mich vergessen zu haben

33 Stella hat keine Zeit für Adrian, weil sie **zu Dato rüber gehen will.**

34 Adrian:
- Mundwinkel sinken
- Stimme klingt enttäuscht
- sieht Adrian nicht an
- Stellas Blick ist „neu"
- Augen sehen traurig, fremd und ängstlich aus

Dato:
- gerötetes Gesicht
- Augen leuchten
- verlegener Biss auf die Lippen

35 Misses Elderly ahnt bereits, dass es zu einem Streit kommen wird, wenn Adrian Stella ins Dreitotenhaus begleitet. Deshalb warnt sie ihn vor diesem „Unwetter" und gibt ihm zu verstehen, dass er mit einer „Eiseskälte" rechnen muss. Damit meint sie, dass Stella ihn vermutlich kühl und distanziert behandeln wird.

36 Adrian erzählt, dass im Haus schon drei Leute gestorben sind und das Haus deshalb „Dreitotenhaus" genannt werde. Außerdem berichtet er, dass es Stellas Idee war, herauszufinden, was Datos Familie in dem Haus verberge, und dass sie sich sicher seien, dass die Familie einen Toten ins Haus getragen hat. Schließlich beschuldigt er Stella noch, sich nur für Dato zu interessieren, um etwas herauszufinden.

Lösungsvorschläge

37 Stella möchte Adrian zurechtweisen. Sie nennt ihn deshalb bei seinem richtigen Namen, um zu zeigen, dass sie sauer ist und es ernst meint. Adrian hingegen besteht auf den Spitznamen, den ihm Stella gegeben hat, weil dieser für ihre Freundschaft steht.

38
- [X] angespannt
- [X] unangenehm
- [X] enttäuschend
- [X] bedrückend

39

	richtig	falsch
Adrian ist nach dem zweiten Besuch im Dreitotenhaus wütend und traurig.	X	
Er ~~fängt sofort an, bitterlich zu weinen~~, als er zu Hause ankommt. *Korrektur:* bemüht sich, die Tränen zurückzuhalten		X
Am liebsten würde er alles vergessen.	X	
Vor Wut zerreißt Adrian seine Zeichnungen von Stella.	X	
Die „Bahnsteigmenschen" für den Kunstwettbewerb ~~zerstört er aber nicht~~. *Korrektur:* zerreißt er auch		X
Der Kunstwettbewerb wird im Februar stattfinden.	X	
Adrians Vater ist ~~kleiner~~ als Adrian, aber ziemlich breit. *Korrektur:* größer		X
Adrians Mutter unterbricht ihn beim Zerstören seiner Zeichnungen.	X	
Stella kennt all seine Zeichnungen.	X	

40 a) Aufgabe 3
b) Er hat die „Bahnsteigmenschen", die sein Vater für ihn fotografiert hat, abgezeichnet.

41 Die Menschen ärgern sich über …
- verpasste Züge
- ausgefallene Klimaanlagen

Die Menschen freuen sich über …
- jemanden, der sie abholt
- jemanden, den sie selbst abholen
- jemanden, der ihnen davonfährt und sie trotzdem froh macht

42

Überschrift	Kapitel
Zwei Wochen ohne Stella	5
Zweiter Besuch bei Dato und Tamar	7
Zerstörte Zeichnungen	8
Bei Stella	6

43

8	Niedergeschlagen liegt Adrian in seinem Zimmer auf dem Boden und bemüht sich, nicht zu weinen. Am liebsten würde er Stella …
6	Adrian beschließt, zu Stella hinüberzugehen. Zunächst trifft er auf Misses Elderly, die gerade Yoga macht. Sie gibt Adrian …
7	Stella und Dato sind von Adrians Anwesenheit offensichtlich genervt, Tamar schüttelt sogar den Kopf, als sie ihn sieht. …
5	Man erfährt zunächst, wie Adrian und seine Familie in das Haus neben Stella eingezogen sind. Beide Häuser gehören Misses Elderly. …

44 *Hinweis: Alle drei Anfänge sind gelungen und können den inneren Monolog einleiten. Für diese Musterlösung wurde Textanfang a gewählt.*

… Misses Elderly hat ja noch versucht, mich zu warnen, mit ihrem Gerede vom Unwetter und so … Aber ich wollte Stella auf keinen Fall allein zu diesem Dato-Idioten gehen lassen. Und was hatte ich nun davon? Ich konnte zusehen, wie Stella und Dato sich unterhalten und kichern! Toll! Ganz große Klasse, Adrian Theiß! Wie dumm ich bin! Stella hat sich ja scheinbar schon gut eingelebt bei denen. Für sie war diese Teezeremonie sicher nicht mehr neu … Aber trotzdem! Wie konnte ich nur so ekelhaft sein! Wie konnte ich das nur alles sagen. Über das Haus. Über Stella. Ach Stella …

Lese-Etappe 3: Kapitel 9 bis 12

45 Adrian schreit **seine Mutter** an, sie solle gehen. Er schreit auch, dass er nicht **weine** und dass er keine **Hormontherapie** möchte. Nachdem die Mutter den ersten Schock überwunden hat, berichtet sie nochmals, wie sehr sie unter ihrer **Größe** gelitten habe. Offenbar wurde sie „**Bohnenstange**" genannt und in der Tanzschule nicht aufgefordert. Zudem litt sie an der Mode: In ihrer Größe gab es **keine schöne** Kleidung. Adrian ist das egal, er ist nur genervt von Dato, **seiner Mutter** und im Grunde von seinem ganzen Leben. Im Laufe des Gesprächs erfährt er von seiner Mutter, dass **Stella** und **Dato** auf die gleiche Schule gehen und Stella oft bei Datos Mutter mitfährt. Am Ende des Kapitels sagt ihm seine Mutter noch, dass **Helene/Misses Elderly** ihn besuchen kommen möchte. Sie sagt, sie werde kommen, auch wenn er es nicht will.

46
- [X] Er leidet unter Sprüchen von Mitschülern, die ihm früher nichts ausgemacht haben.
- [X] Er hat seine wenigen Freunde durch seine schlechte Laune vor den Kopf gestoßen.
- [X] Er hat zwei Tests vergeigt, weil er die Blätter einfach leer abgegeben hat.
- [X] Er hat Zeichnungen zerrissen.
- [X] Er hat seinen Vater angeschrien und seine Mutter ignoriert.
- [X] Er hat Türen zugeknallt.
- [X] Er hat zu wenig gegessen.
- [X] Er hat städtische Weihnachtsdekorationen kaputt gemacht.

47 Adrian wollte Misses Elderly zeichnen, weil **er so eine Reihe von Porträts aller Bewohner der Zwillingshäuser anfangen konnte und er dann einen Grund gehabt hätte, auch Stella um ein Porträt zu bitten.**

48 Adrian: Porträt der Misses zeichnen
Misses Elderly: Geheimnis erzählen

49

	richtig	falsch
Misses Elderly fing eine Affäre mit einem verheirateten Mann an.	X	
Er hieß ~~Daniel~~ Turpin. *Korrektur:* David		X
Sie selbst war damals ~~auch noch verheiratet~~. *Korrektur:* verwitwet		X
Er gab ihr gewissermaßen den Namen Misses Elderly.	X	
Er war Pförtner im Landratsamt und seine Frau arbeitete auch dort.	X	
~~Misses Elderly~~ hat die Affäre schließlich beendet. *Korrektur:* Der Engländer		X
~~Seine Frau wusste von der Affäre~~. *Korrektur:* Er hatte Angst, seine Frau könnte davon erfahren.		X
In der Zeitung hat Misses Elderly einige Jahre später seine Todesanzeige gefunden.	X	
Nach seinem Tod hat Misses Elderly ~~einen Selbstmordversuch unternommen~~. *Korrektur:* sich in ihrem Zimmer verkrochen.		X
Nach einigen Wochen wollte sie „Misses Elderly" genannt werden.	X	

50 Bendeliani

51 Blutrache bedeutet, dass man sich für einen Mord rächt, indem man jemanden aus der Familie des Täters umbringt. Die Bendelianis mussten fliehen, weil Tamars Bruder im Streit versehentlich jemanden getötet hat und dessen Familie nun Blutrache an ihnen geschworen hat.

52 „Und außerdem, die Leute da drüben, die haben Dreck am Stecken. Die haben was ausgefressen, und ich krieg es schon noch raus." (S. 106)

53 Adrians Vater ist gerne **allein**; das „Weihnachtstheater" ist ihm zuwider. Er ist ein sehr umgänglicher Mann und hält sich am liebsten **aus allem heraus**. Die letzten Wochen hat er so getan, als würde er von Adrians Gefühlszustand **nichts mitbekommen**. Er hat ihm auch neue **Fotos von Bahnsteigmenschen** mitge-

bracht. Bei Familienfeiern ist er der **Erste**, der ins Bett geht.
Adrians Vater liebt peinlich glänzende **Jogginghosen** und die Freitagabende, an denen er nach seiner Heimkehr viele **Briefe** aus dem Briefkasten holt. An Heiligabend manipuliert er mit ausgefallenen Streichen die **Krippe** seiner Frau. Er ist leicht **glücklich zu machen**.

54 In diesem Jahr hat Adrians Vater die Figuren von Maria und Josef hingelegt, als würden sie schlafen.

55 [X] Er geht stundenlang im Schnee spazieren, ohne eine Pause zu machen.

56 Normalerweise verbringen Stella und Adrian die Stunde, in der die Marauns Adrians Familie besuchen, in Adrians Zimmer. Sie tauschen Geschenke aus und reden miteinander. In diesem Jahr haben sich Stella und Adrian entfremdet, sodass für Adrian klar ist, dass der Besuch auf keinen Fall so sein wird wie sonst.

57

Überschrift	Kapitel
Der „Deal"	10
Gespräch mit der Mutter	9
Heiligabend	12
Misses Elderlys Geheimnis	11

58

11	Als Adrian und Stella sechs Jahre alt waren, hatte sich Misses Elderly wegen des „verlorenen Engländers" lange Zeit ...
9	Adrian schreit seine Mutter an, dass sie abhauen solle, dass er nicht weine und dass er auch keine Hormontherapie wolle. ...
10	Adrians gesamtes Leben hat sich in den letzten Wochen verschlechtert. Er leidet unter Sprüchen und Reaktionen ...
12	Nach dem Gespräch mit Misses Elderly sucht sich Adrian einen Ort, an dem er sich verstecken kann ...

59 *So könnte der Brief lauten:*
Liebe Stella,
in den letzten Jahren war dein Weihnachtsbesuch immer das i-Tüpfelchen auf diesem besonderen Tag! Unsere Geschenkübergabe und die Gespräche sind immer das gewesen, was Weihnachten für mich erst vollständig gemacht hat. Doch in diesem Jahr ist alles anders. Ich habe ein mulmiges Gefühl, wenn ich daran denke, dich später zu sehen. Ich weiß nicht, wie ich reagieren soll und ob wir es schaffen werden, normal miteinander zu sprechen. Das belastet mich sehr! Ich will mein Weihnachten mit meiner Stella! Du fehlst mir so! Ich vermisse es, Zeit mit dir zu verbringen! ...

Lese-Etappe 4: Kapitel 13 bis 16

60 *Familie Theiß:*
Tante Irene, väterliche Großeltern, mütterliche Großmutter

Familie Maraun:
Misses Elderly, Stellas Mutter, Veit, Olivia

61

Die Person ...	Name/n
... ist die Tochter von Stellas Ersatzvater.	Olivia
... hat keinen Mann mehr.	Großmutter mütterl., Misses Elderly
... hat eine harte, rissige Hand.	Großvater
... hat eine schwache Hand.	Großm. väterl.
... hat vor einer Woche wieder angefangen, mit Adrian zu reden.	Adrians Mutter
... hat eine rauchige Stimme.	Irene
... fragt, ob Adrian eine Freundin hat.	Irene
... verkündet, dass Stella nicht kommt.	Olivia
... trägt bunte Kleider und ist parfümiert.	Irene
... hat ein schlechtes Verhältnis zu seiner/ihrer Schwester.	Adrians Mutter, Stella

Die Person ...	Name/n
... sagt mit freundlichem Gesicht die größten Gemeinheiten.	Olivia
... kommentiert gerne Adrians Größe.	Olivia
... will nicht, dass die anderen über ihn/sie sprechen.	Adrian

62

Aussage	Warum trifft diese Aussage Adrian?
„Wie ist das jetzt? Hat er schon eine Freundin?" (S. 119)	Adrian hätte Stella eigentlich gerne als Freundin und ist eifersüchtig auf Dato.
„Ja, Jungchen, du und die Damenwelt, das ist noch nichts, das passt noch nicht zusammen, was?" (S. 119)	Auch Stella zieht einen anderen Jungen ihm vor, nämlich Dato, als ob auch sie finden würde, dass Adrian „nicht passt".
„Jungchen, sagte sie, du hättest doch auch gar keine Zeit für die Damen, nicht wahr? Bei den vielen Arztterminen." (S. 119/120)	Sie spielt auf die Hormontherapie an, die er auf keinen Fall möchte und gleichzeitig auch darauf, dass er so groß ist.

63 a) eine Zimmerpalme aus Plastik, eine 300-Gramm-Tafel Schokolade, ein King Kong-Riesenposter, eine CD
b) Es sind alles „Großgeschenke", also Geschenke, die mit einer besonderen Größe zu tun haben.

64 Adrian nahm an, dass Stella und er nicht miteinander sprechen und sich auch nichts schenken würden, er hat aber nicht damit gerechnet, dass sie gar nicht mitkommen würde. Das hat ihn sehr getroffen.

65 Misses Elderly hat Adrian geraten, er solle endlich sprechen. Adrian beschließt, dies jetzt sofort zu tun und geht deshalb hinüber zu Stellas Küchentür.

66 [X] Jeans
[X] Pullover

67

Märchen	Passt, weil ...
Die Schneekönigin	... Adrian daran denkt, wie Gerda auf dem Weg zu Kay die Kälte einfach ausgehalten hat. Er beschließt, dass er das jetzt beim Warten auf Stella eben auch machen werde.
Das Mädchen mit den Schwefelhölzern	... das Mädchen im Märchen zusammengekauert in der Kälte sitzt und erfriert. Adrian friert auch entsetzlich. Er kann nicht mehr aufstehen und befürchtet, wie das Mädchen im Märchen zu erfrieren.

68 [X] Er hat nasse Füße, die ihm nicht mehr gehorchen.

69 Adrian meint damit, dass Stella während all der Jahre nie mehr als einen guten Freund in ihm gesehen hat. Sie hat ihn nie als „festen Freund" in Betracht gezogen, ihn also nicht auf diese Weise wahrgenommen, obwohl er die ganze Zeit in ihrer Nähe war. Adrian denkt, dass es an seinem Verhalten liegt, dass Stella nur freundschaftliche Gefühle für ihn hat, und ärgert sich darüber.

70 Adrians Vater

71 Er riecht das aus der Kindheit vertraute Waschmittel.
Seine Eltern schlafen neben ihm, um auf ihn aufzupassen.

72 [X] Obwohl der Zustand seiner Mutter peinlich sein könnte, ist er es für Adrian nicht, weil er einfach froh ist, dass sie da ist und sich um ihn sorgt.

Lösungsvorschläge

73

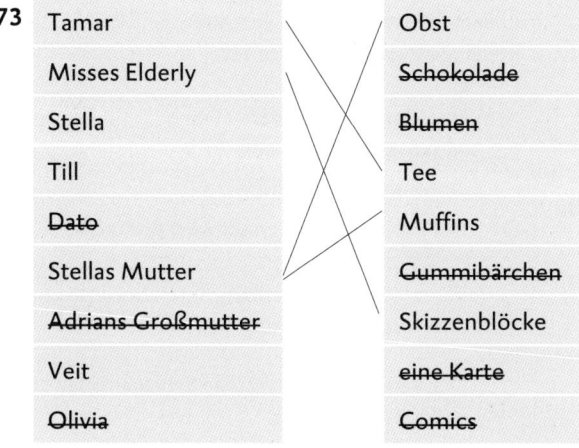

Tamar	Obst
Misses Elderly	~~Schokolade~~
Stella	~~Blumen~~
Till	Tee
~~Dato~~	Muffins
Stellas Mutter	~~Gummibärchen~~
~~Adrians Großmutter~~	Skizzenblöcke
Veit	~~eine Karte~~
~~Olivia~~	~~Comics~~

74

Überschrift	Kapitel
Weihnachten ohne Stella	13
Lungenentzündung	16
Überlebt	15
Die kälteste Nacht	14

75

16	Adrian ist sehr geschwächt. Er hat eine Lungen- und Rippenfellentzündung mit Fieber, Halsschmerzen und Husten. …
15	Adrians Vater versucht, ihn mit Decken und Warmreiben aufzuwärmen. Als die Mutter dazukommt, ist sie völlig aufgelöst. …
14	Mitten in der Nacht zum 25. 12. wacht Adrian auf. Er denkt an Misses Elderly und beschließt, auf der Stelle …
13	Als erste Gäste an Heiligabend treffen wie jedes Jahr die Eltern von Adrians Vater sowie die Mutter und die große Schwester …

76 *So könnte das Gespräch weitergehen:*

ARZT: Sie müssen keine Sorge haben. Die Lage ist zwar ernst, aber nicht lebensbedrohlich. Ein bisschen länger noch und es hätte schiefgehen können …

MUTTER: Oh mein Gott! Was hat ihn nur dazu gebracht? Wie können wir ihm helfen? Sollen wir ihm ein heißes Bad einlassen?

ARZT: Nein, bitte nicht, zumindest jetzt noch nicht. Das wäre nicht gut für den Kreislauf. Er muss langsam warm werden.

VATER: Soll ich ihm die kalten Füße warmreiben? Die sind immer noch wie eingefroren.

ARZT: Nicht die Füße reiben! Im Grunde können Sie jetzt eigentlich gar nichts machen. Beobachten Sie ihn, bleiben Sie in seiner Nähe.

MUTTER: Man fühlt sich ganz hilflos, wenn man so überhaupt nichts für ihn tun kann. Aber wir werden uns natürlich daran halten und selbstverständlich nicht von seiner Seite weichen.

Lese-Etappe 5: Kapitel 17 bis 20

77 „Einfach passiert, antwortete Adrian der Fremden, die Stellas Gesicht trug […].” (S. 148)
„Dann schwiegen sie ein paar Runden, und das war etwas, das Adrian gar nicht kannte.” (S. 148)
Auch möglich:
„Stella sagte nichts, sah Adrian nur finster an, und in diesem Moment stand fest: sie konnten es nicht mehr. Nicht mehr miteinander reden, nicht mehr lustig sein zusammen […].” (S. 150)

78 Stella sagt über Dato …

[X] … dass sie in ihn verliebt ist und er auch in sie.

[X] … dass er gut singen kann und ihr Lieder aus Swanetien vorsingt.

[X] … dass er in Deutschland geboren wurde.

[X] … dass Dato Stella schon kannte, als sie das erste Mal geklingelt hatten.

79 Adrian wird klar, dass es Stella nicht darum geht, dass Dato kleiner ist als er. Sie ist vielmehr in ihn als Person verliebt und das hat nichts mit Adrian oder seiner Größe zu tun. Zum einen macht Adrian seine Erkenntnis sehr traurig, weil er jetzt sicher weiß, dass zwischen ihm und Stella nie mehr als Freundschaft sein wird. Gleichzeitig ist er aber auch ein kleines bisschen erleichtert.

80 Während Stella weinend über **Dato**, dessen Familie und über ihre Freundschaft zu **Adrian** spricht, kann Adrian dies kaum ertragen und verkriecht sich unter **seiner Bettdecke**. Stella geht schließlich. Außer großer Traurigkeit verspürt Adrian dann auch **Erleichterung**. Er geht in die Küche, trinkt **Milch** und isst **Frikadellen**. Er belauscht ein Gespräch seiner **Eltern**. Seine Mutter ist überzeugt davon, dass Adrian einen **Selbstmordversuch** begangen hat und einen Psychologen aufsuchen sollte. Adrians Vater ist **anderer** Meinung. Adrian möchte seine Eltern beruhigen. Er geht zu ihnen und erklärt, dass er nicht **erfrieren** und auch nicht **tot** sein wollte. Dann fällt er auf dem **Wohnzimmerteppich** in Ohnmacht.

81

	richtig	falsch
~~An Silvester~~ kann Adrian das Bett wieder verlassen. *Korrektur:* Einige Tage nach dem Dreikönigstag		X
Seine Eltern sind seit seiner Aussage bezüglich der kältesten Nacht erleichtert.	X	
Adrians Eltern fragen ~~hin und wieder~~ nach Stella. *Korrektur:* nie		X
Sobald es Adrian besser geht, beginnt er, wieder zu zeichnen.	X	
Die Skizzenblöcke ~~sind im Angebot gewesen und deshalb von schlechter Qualität.~~ *Korrektur:* waren teuer und sind von guter Qualität.		X
Um den 10. 1. steht Adrian schließlich auf und geht aus dem Haus.	X	
Er hat sich bewusst warm eingepackt, mit Schal, dicker Jacke und Stiefeln.	X	
Er geht ~~direkt~~ zum Dreitotenhaus. *Korrektur:* Er geht zuerst lange spazieren.		X
Beim Dreitotenhaus hat sich eine große Menschenmenge versammelt.	X	
Adrian geht ins Haus, dort aber nicht zu den anderen, sondern die Treppe hinauf.	X	
In dem Bett liegt die von ihm und Stella von Anfang an vermutete Leiche. *Korrektur:* Der Mann im Bett ist nicht tot, sondern sieht nur so aus.		X

82

3	Die Familie des Toten schwört Blutrache.
1	Tamar lebt mit Wachtang, ihren Brüdern und ihren Eltern in Mestia.
7	Der Vater wird nach seinen Schlaganfällen von seiner Frau gepflegt.
2	Tamars Bruder tötet versehentlich einen jungen Mann.
6	Tamars Eltern bleiben in Tbilissi, bei der Schwester ihrer Mutter.
9	Tamar reist zur Beerdigung ihrer Mutter.
4	Die ganze Familie flüchtet nach Tbilissi.
11	Der Vater sieht immer trauriger aus.
8	Tamars Mutter stirbt in Tbilissi.
12	Mit einem Besuchervisum holen Tamar und ihr Mann ihren Vater nach Deutschland.
10	Der Vater sagt ihr, dass er nicht bei der Schwester seiner Frau bleiben möchte.
5	Tamar und Wachtang fliehen weiter nach Deutschland.

83 Tamars Vater ist illegal in Deutschland und würde abgeschoben werden, wenn jemand herausfände, dass er noch im Land ist.

84 [X] Ohne wirklich zu reagieren, verlässt er das Dreitotenhaus.

85 Dato streichelt Stella über den Rücken. *Oder:* Sie lehnen ihre Köpfe aneinander.

86 Möglichkeit 1: Er geht nach draußen und wandert durch den Schnee.
Möglichkeit 2: Er bleibt drinnen und zeichnet.

Lösungsvorschläge

87 „Ich hab gesagt, dass du das nie machen würdest. Und dass ich meine Hand dafür ins Feuer legen würde, hab ich gesagt." (S. 174)

88 Sie möchte, dass Adrian sich bei den Bendelianis entschuldigt. Außerdem lässt sie ihn wissen, dass sie daran geglaubt hat, dass Adrian den alten Waliko nicht verrät. Sie erzählt Adrian von der Situation der Bendelianis und hofft, dass dieser dadurch mehr Verständnis für die Familie aufbringt.

89
Überschrift	Kapitel
Die „Leiche"	18
Entschuldigung erwünscht	20
Krankenbesuch von Stella	17
Das Besuchervisum	19

90
17	Stella sitzt neben Adrians Bett und sie sprechen einige Zeit gar nicht. Adrian ist sich bewusst, dass er vermutlich …
19	Adrian ist schockiert und rennt die Treppe hinunter. Dort stößt er auf Tamar und ihren Mann Wachtang. …
18	Adrian muss noch einige Zeit im Bett verbringen, weil er so geschwächt ist. Seine Eltern scheinen aber nach seiner Aussage …
20	Adrian läuft noch zwei Stunden draußen herum, bis er nach Hause geht. Seine Eltern haben sich schon Sorgen gemacht …

91 *So könnte der Tagebucheintrag lauten:*
Es war so furchtbar, so schrecklich zwischen uns. Aber jetzt ist mir alles ein bisschen klarer. Dato hatte es mir ja gleich gesagt: Adrian ist eifersüchtig. Und wenn er so schrecklich eifersüchtig ist, dass er nicht mit mir reden will und nichts von meinem Glück hören will, dann heißt das, dass er Dato als Konkurrenten sieht. Vielleicht ist es doch so, wie Dato gesagt hat, und er empfindet mehr als Freundschaft für mich. Er hat dann noch gesagt, dass unsere Küchentür zu war. Was er damit wohl gemeint hat? Er hat so verletzt gewirkt. Und er kann und will sich nicht für mich und Dato freuen. Dann hat er noch gefragt, ob ich Dato besser finde, weil er nicht so groß ist. Wie absurd!!! Dass ich Dato liebe, hat doch nichts mit seiner Größe zu tun! Ich kann nichts für meine Gefühle, das kann er mir doch unmöglich zum Vorwurf machen!

Lese-Etappe 6: Kapitel 21 bis 23

92
1 Adrians Zorn
2 Traurigkeit seiner Mutter
3 Sorge um Adrian

93 *Mögliche Gedanken:*
- Was tut Stella wohl gerade?
- Wie verbringt Stella ihre Samstagabende?
- Liegt die Misses schon im Bett?
- Werde ich je wieder einen Fuß ins Dreitotenhaus setzen?
- Werde ich genug Mut zusammenkratzen können, um dort zu klingeln?
- Ist Dato wohl der Einzige, der noch wach ist?
- Hat der alte Waliko einen gesunden Schlaf oder wälzt er sich in seinem Bett herum?

94 Adrian denkt zwar noch kurz an Stella, bemerkt dann aber, dass es ihn eigentlich nicht interessiert, was sie gerade macht. Es gelingt ihm zum ersten Mal, seine Gedanken nicht mehr nur um Stella kreisen zu lassen, und es geht ihm gut damit.

95 a) [X] Alle Fenster sind hell erleuchtet.
b) [X] Alle Bewohner des Hauses sowie deren Gäste kommen zum Öffnen an die Tür.
c) [X] Es wurde der „Mekwle" erwartet. Laut einem georgischen Brauch ist der Erste, der im neuen Jahr klingelt, ein Glücksbote.

96 Adrian denkt, dass Waliko darauf wartet, dass er endlich über alles redet.

97
	richtig	falsch
Der alte Waliko klopft auf Adrians Arm. Daraufhin fängt Adrian an, zu erzählen.	X	
Adrian berichtet dem Alten von der kältesten Nacht und sagt, …	X	

	richtig	falsch
Adrian erzählt, dass er nur kurz gedacht hat, dass er ohne Stella nicht leben will.	X	
Adrian erzählt davon, wie er und Stella durch einen Nadelstich Blutsbrüder wurden.		X
Adrian redet sich alles von der Seele und weint dabei.	X	
Adrian gibt Waliko gegenüber zu, dass er in Stella verliebt ist.	X	
Waliko möchte, dass Adrian seinen Kummer in Alkohol ertränkt.		X
Waliko führt mit Adrian ein Trinkritual durch, weil ihn Adrian offenbar beeindruckt hat.	X	
Tamar sagt, dass Waliko kein Wort Deutsch versteht. Adrian ist aber anderer Meinung.	X	

98 a) Seine Mutter hat nie wieder **von der Hormontherapie gesprochen**.

b) Sein Vater hat keine Fotos von **enttäuschten Zuggesichtern mehr mitgebracht, nur noch von glücklichen**.

c) Seine Eltern haben nie etwas zu seinen hervorstehenden Rippen gesagt, aber **monatelang seine Lieblingsgerichte gekocht**.

99 [X] die Furcht vor der Erinnerung an die „kälteste Nacht"

[X] die Angst davor, Stella auf der Terrasse zu begegnen

100 a) In ihrer Formulierung verwendet Misses Elderly sozusagen den Namen „Dato", den Adrian weder hören noch sagen will.

b) [X] bis jetzt

101 STELLA: Ist hier noch ein Platz frei?
MISSES ELDERLY: Was ist damit? Ist das etwa nichts?
Ach übrigens. Ich mache jetzt eine Ausbildung zur Yogalehrerin. Gestern hab ich mich angemeldet.
STELLA und ADRIAN: Macht nichts. Du bist ja noch jung.

STELLA: Und? Wie geht's?
ADRIAN: Ich hab mal nachgesehen. Der „Tallest Man". Dieser Typ. Der ist in Wirklichkeit ganz winzig.
STELLA: Ach! Hast du's endlich auch kapiert? Beinah hätte ich's vergessen. Das ist für dich. Kostet fünf Riesen!
ADRIAN: Okay. Ich bring dir das Geld vorbei. Irgendwann mal.
STELLA: Also gut. Hier, bitte schön. Tschüs!

102 a) [X] ein dunkelblaues, ein bisschen beschmiertes, zerfleddertes Schulheft mit Stellas kleiner und krakeliger Schrift darauf

b) Das weltberühmte Buch der großwüchsigen Dinge

103 a) Adrian blättert im Heft und findet dort Daten, **Zeichnungen, eingeklebte Fotos, kritzelige Einträge**.

b)

104 *Mögliche Antworten:*
- Stella hat mit den Eintragungen in das Buch auch weitergemacht, als Adrian sich so blöd benommen hat.
- Das Buch zeigt ihm, dass Stella immer noch viel an ihm liegt.
- Das Buch zeigt ihm, dass Stella immer noch mit ihm befreundet ist oder sein will.
- Das Buch zeigt ihm, dass auch er weiterhin mit ihr befreundet sein will.
- Besonders glücklich macht ihn die Widmung „Für Einsneunzig, mit Hochachtung".

105

Überschrift	Kapitel
Das weltberühmte Buch der großwüchsigen Dinge	23
Georgisches Neujahr – die Entschuldigung	21
Gespräch mit Waliko	22

106

22	Eigentlich will Adrian nicht im Dreitotenhaus bleiben, weil auch Stella und Dato dort sind. Der alte Waliko klopft …
21	Adrians Eltern gehen nach längerer Zeit wieder miteinander aus und lassen Adrian allein zu Hause. Er weiß zuerst nicht, …
23	An einem Nachmittag im April kann sich Adrian endlich überwinden, wieder auf die Terrasse zu gehen. …

107 a) *Lösungsvorschlag:*
… Wie gut es da doch ist, dass du die größte Geschenkemacherin der Welt bist. Ich habe mich so sehr über das Buch gefreut, dass meine Freude darüber eigentlich auch noch ins Buch aufgenommen werden müsste. Und mir ist klar geworden, dass es nichts, also rein gar nichts geben darf, das unsere Freundschaft kaputt macht. Ohne diese Freundschaft fehlt mir einfach viel zu viel: du zum Beispiel. Ich hab dich so vermisst, dass es mich ganz krank gemacht hat (du hast dich ja mit eigenen Augen davon überzeugen können). Bitte verzeih mir, dass ich mich nicht für dich und Dato freuen kann und auch nicht mit dir über ihn sprechen will. Vielleicht kann ich damit anfangen, wenn er dir mal auf die Nerven geht… Jedenfalls geht es mir inzwischen einigermaßen gut mit der Situation und ich muss nicht mehr die ganze Welt hassen, nur weil du den Kerl aus dem Dreitotenhaus liebst. Wieder Freunde??? Kannst du mir verzeihen?
Dein Einsneunzig (plus 4)

b) *Lösungsvorschlag:*
MISSES: Er hat mir dann aus dem Heft vorgelesen, weil ich meine Lesebrille nicht dabei hatte. Der längste Penis war ihm peinlich. Ganz rot ist er geworden. Als ob ich mit Seepocken ein Problem hätte …
STELLA: Das kann ich mir so richtig vorstellen.
MISSES: Er war ganz ergriffen, weil du auch weitergeschrieben hast, als zwischen euch Funkstille herrschte. Er hat endlich begriffen, dass er dir nicht egal ist und dass auch du ihn als Freund vermisst hast.
STELLA: Ich habe das alles auch erst zu spät kapiert, dass er so wahnsinnig eifersüchtig auf Dato ist und dass das der Grund für alles andere war. Ein bisschen wie bei der Schneekönigin: Er hat einen Splitter abbekommen und konnte alles nur noch negativ sehen. Es ist schlimm, wenn man merkt, dass der andere unglücklich ist, weil man selbst glücklich ist. Ich kann ja auch nichts dafür, in wen ich mich verliebe.
MISSES: Ihr werdet einen Weg finden. Freundschaft überlebt auch stürmische Zeiten!

16 SCHNEERIESE

D Nach dem Lesen: Textkenntnis vertiefen und überprüfen

Figurenkonstellation

108

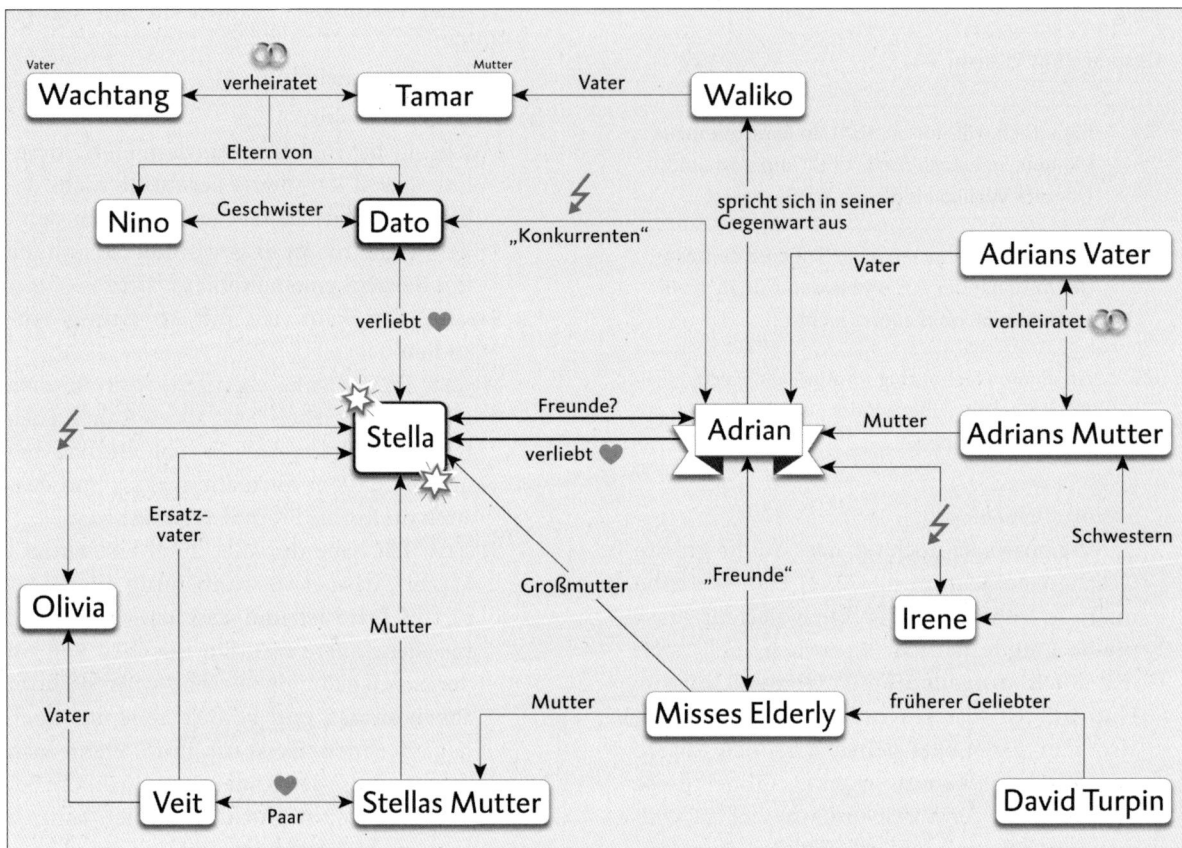

Lösungsvorschläge

Selbsttest: Textkenntnis überprüfen

109

Dediko	Georgisches Käsebrot
Chatschapuri	Glücksbote
Chinkali	Trinkritual
Mekwle	Mama
Tschatscha	Teigtaschen
supra	Georgischer Wodka
Tamada	Tischführer

Zuordnungen:
- Dediko — Mama
- Chatschapuri — Georgisches Käsebrot
- Chinkali — Teigtaschen
- Mekwle — Glücksbote
- Tschatscha — Georgischer Wodka
- supra — Trinkritual
- Tamada — Tischführer

110

Name der Person	Die Person ...
Adrian	geht in die achte Klasse eines Gymnasiums.
Misses Elderly	besitzt zwei benachbarte Häuser und vermietet das eine.
Stella	möchte ihren Freund davor schützen, in seiner Größe ein Problem zu sehen bzw. sich den Spott der Mitschüler zu sehr zu Herzen zu nehmen.
Tamar	hat einen Bruder, der (unbeabsichtigt) einen jungen Mann getötet hat.
Misses Elderly	hatte ein Alkoholproblem.
Waliko	spricht kein Deutsch.
Waliko	lebt illegal bzw. nur mit einem Besuchervisum in Deutschland.
Tamar	pflegt nicht nur einen Todkranken, sondern kümmert sich auch täglich um den kranken Adrian.
Adrians Mutter	hat selbst schlechte Erfahrungen mit der eigenen Größe gemacht und möchte ihren Sohn vor Ähnlichem bewahren.
Adrian	kann ausgesprochen gut zeichnen und belegt bei einem Zeichenwettbewerb den dritten Platz.
Misses Elderly	färbt ihre Haare rot und raucht Vanilletabak.
Adrians Vater	heißt mit Nachnamen Theiß, ist korpulent und über 2 m groß.
Stella	hat einen kleinen Sprachfehler (Lispeln).
Misses Elderly	heißt Helene, will aber nicht so genannt werden.
Tamar	bringt Adrian, als er krank ist, jeden Tag einen georgischen Tee.
Waliko	stammt eigentlich aus Swanetien. Lebte nach seiner Flucht zuerst in Tbilissi und wurde dort von seiner Frau gepflegt.
Misses Elderly	macht Yoga und hat eine Vorliebe für Kräutertee.
Stella	lernt viele Jahre lang die rekordverdächtig größten Dinge auswendig, um Adrian das Gefühl zu geben, dass mit ihm alles in Ordnung ist.
Misses Elderly	hat ihren Spitznamen von einem verheirateten englischen Pförtner des Landratsamts, in den sie verliebt war und mit dem sie eine geheime Beziehung hatte.
Waliko	ist der angebliche „Tote", der auf der Bahre ins Dreitotenhaus getragen wurde.
Adrian	erfindet den Begriff „Schneeriese" als Gegenbegriff zum „Schneeengel".
Stella	hat blonde Haare und wunderschöne blaue Augen.
Wachtang	hat Tamars Vater aus Georgien geholt.

Dato	geht auf dieselbe Schule wie Stella.
Nino	ist die kleine Schwester von dem Jungen, in den Stella verliebt ist.
Dato	wird von Adrian als „maßgeschneidert und schönäugig" sowie als „Schnösel" beschrieben und spricht akzentfrei Deutsch.
David Turpin	ist der verheiratete Mann, den alle den „Engländer" nennen.
Tante Irene	ist die Schwester von Adrians Mutter.
Veit	ist der Freund von Stellas Mutter und wird von Stella und Adrian „Bartersatz" genannt.
Olivia	wird von Stella „gefälschte Schwester" genannt.

E   Aufgaben im Stil der Abschlussprüfung

Aufgaben zur Ganzschrift

111 *Mögliche Erklärung:*
Nachdem Stella und Adrian zum ersten Mal auf Dato getroffen sind, ist Stella bereits völlig begeistert von ihm. Stella und Adrian machen nach dem ersten Besuch bei den Bendelianis einen Spaziergang im Schnee. Weil Stella so glücklich und vielleicht auch schon ein bisschen verliebt ist, macht sie einen Schneeengel. Adrian ist alles andere als begeistert. Als Protest zu dem glücklichen Schneeengel legt er sich bewegungslos neben sie und macht einen Schneeriesen, wie er sagt. Der „Schneeriese" ist also der Abdruck des bewegungslosen und eifersüchtigen Adrian. (vgl. Kapitel 4, S. 42)

112 *Mögliche Antworten:*
- Sie sind auf der Hollywoodschaukel der gemeinsamen Terrasse gesessen und Misses Elderly hat ihnen aus ihrem Andersen-Buch vorgelesen.
- Sie haben sich an Weihnachten getroffen und Stella hatte für Adrian immer ein besonderes Geschenk („Großgeschenke").
- An den „heiligen Donnerstagen" haben Stella und Adrian allein bei Adrian zu Hause Krimiserien angeschaut.
- Sie haben sich täglich besucht und über alles gesprochen.
- Sie haben mit Wein Blutsbrüderschaft geschlossen, weil Stella kein Blut mag.

113 *Mögliche Antworten:*
- Adrian zerreißt seine Zeichnungen.
- Adrian stellt Stella vor den Bendelianis bloß.
- Er geht stundenlang im Schnee spazieren, ohne eine Pause zu machen.
- Er lässt die Bendelianis in dem Glauben, dass er ihr Geheimnis eventuell verraten könnte.
- Adrian schreit seine Mutter an.
- Er knallt Türen zu.
- Er möchte Misses Elderly verletzen und bezeichnet ihr Geheimnis mit dem Engländer als langweilig.

114 *Mögliche Antworten:*
- größte Blume der Welt: Titanenwurz
- längster Stau der Welt: 293 km lang
- längster Ortsname der Welt: Llanfairpwllgwyn...
- längster Penis im Tierreich: Seepocke
- längster Tunnel der Welt: Seikan-Tunnel in Japan (53,9 km)

115 *Mögliche Informationen:*
- Die Familie kommt ursprünglich aus Georgien.
- Sie führte in Georgien ein armes, aber gutes Leben.
- Tamars Bruder hat unbeabsichtigt einen jungen Mann getötet. Die Familie des Toten hat Blutrache geschworen, weshalb die Bendelianis fliehen mussten.
- Zuerst sind alle nach Tbilissi geflohen. Tamar und ihr Mann sind dann aber nach Deutschland gezogen.

- Waliko wurde mit einem Besuchervisum erst später nach Deutschland geholt und lebt dort illegal.

116 a) *Lösungsvorschlag:*
Stella verbringt plötzlich viel Zeit mit Dato und lässt Adrian scheinbar links liegen. Adrian merkt, dass er mehr als Freundschaft für Stella empfindet, und ist eifersüchtig auf Dato. Als Stella ihm erzählt, dass sie keine Zeit für ihn hat, weil sie Dato besuchen will, entscheidet sich Adrian spontan, mitzugehen (vgl. Kapitel 6). Bei dem Besuch wirft Adrian den Bendelianis vor, eine Leiche im Haus zu verbergen und ist ungerecht zu ihnen. Seine Eifersucht, der Liebeskummer und die Angst, Stella zu verlieren, machen ihn wütend. Diese Wut lässt er an den Bendelianis aus.

b) *Lösungsvorschlag:*
Liebe Tamar,
ich möchte mich bei dir entschuldigen. Alles, was ich über euer Haus, eure Familie und Waliko gesagt habe, war nicht so gemeint. Eigentlich hatte das alles auch gar nichts mit euch zu tun. Ich habe so eine blöde Wut in mir und konnte mich in dem Moment einfach nicht mehr kontrollieren. Das tut mir wirklich leid. Ich hoffe, du kannst mir verzeihen und ich darf auch in Zukunft mal wieder zum Teetrinken vorbeikommen.
Adrian

117 a) *Mögliche Gedanken:*
- Stella hat das Buch noch weitergeführt, auch als ich mich so unmöglich benommen habe.
- Stella hat nie aufgehört meine Freundin zu sein. Sie ist einfach nur verliebt, aber deswegen kann sie trotzdem meine Freundin bleiben.
- Das ist ein Zeichen dafür, dass es doch eine Versöhnung geben kann. Wir sind ja schließlich Blutsbrüder.
- Sie wollte, dass ich beim Lesen lachen muss, sonst hätte sie das mit der Seepocke und das mit dem Volltrottel nicht geschrieben. Aber sie hat auch recht, ich bin ein riesiger Volltrottel!
- Sie hat mich wieder Einsneunzig genannt!

b) *Lösungsvorschlag:*
Einsneunzig! Sie hat mich endlich wieder Einsneunzig genannt! Unser Gespräch war zwar noch ein bisschen unbeholfen, aber immerhin haben wir endlich mal wieder miteinander gequatscht ... Und sie hat mir dieses Buch geschenkt! Das ist fast noch besser als alle Weihnachtsgeschenke, die ich jemals von ihr bekommen habe. Ach, meine Stella! Ich glaube, unsere Freundschaft hat vielleicht doch noch eine Chance! Ob ich ihr einen Brief schreiben soll, um mich für ihr tolles Geschenk zu bedanken? So können wir uns vielleicht langsam wieder annähern. Ganz langsam ...

118 *Lösungsvorschlag:*
STELLA: Na, traust du dich auch wieder alleine auf die Schaukel? Du siehst ja, ich beiße nicht, zumindest keine Schneeriesen ...
ADRIAN: Ach Stella, wie mir das alles hier gefehlt hat. Früher habe ich immer gedacht, dass ich, so lange es eine gewisse Stella Maraun gibt, keine anderen Menschen mehr brauche. Wusstest du das?
STELLA: Mir ging das auch so. Aber natürlich habe ich damals nicht daran gedacht, dass ich mich mal verlieben würde. Aber das eine hat ja mit dem anderen nicht unbedingt etwas zu tun. Du bist für mich ja immer noch du.
ADRIAN: Wenn man so glücklich und verliebt ist, kann man vielleicht gar nicht verstehen, dass sich ein anderer dabei wie das fünfte Rad am Wagen vorkommt. Aber ich war ein eifersüchtiger Spielverderber, der um sich beißt wie ein tollwütiger Hund. Verzeih mir, dass ich so gemein zu allen war.
STELLA: Ist schon okay. Bestimmt kann Dato mich mal für einen heiligen Donnerstag entbehren. Lust auf einen Krimi?

SCHNEERIESE

Aufgaben zum Sachtext

119

	richtig	falsch
Wo Großwüchsige auftauchen, ziehen sie die Blicke der anderen Menschen auf sich.	X	
Die Gene eines Menschen bestimmen seine Größe maßgeblich.	X	
Zur Gruppe der großwüchsigen Menschen zählt man Frauen, die über 1,90 Meter groß werden, und Männer, die 1,95 Meter überschreiten.		X
Wenn Menschen die Zwei-Meter-Marke sprengen, spricht man meist von Riesenwuchs.	X	
Bei einer Hormontherapie wird das Wachstum mithilfe von Hormonen frühzeitig gestoppt.	X	
Es gibt über 500 Ursachen, die zu Kleinwuchs führen können.		X

120 a) „Die Kleinen leben in einer zu großen, die Großen in einer zu kleinen Welt." (Z. 1)

b) „Wo sie auftauchen, ziehen sie Blicke auf sich." (Z. 6)

c) „Die Größe eines Menschen wird maßgeblich durch seine Gene bestimmt." (Z. 39/40)

121 a) Kleinwüchsige Menschen kommen in einem Supermarkt vermutlich nicht an alle Regale und können den Einkaufswagen nicht schieben.

b) Großwüchsige Menschen müssen vermutlich sehr oft aufpassen, dass sie sich den Kopf nicht anstoßen, wenn sie durch eine Tür gehen. Spiegel hängen wahrscheinlich immer so, dass sie ihr Gesicht darin nicht sehen können.

122

123 • kleinwüchsig: Man kann das Wort verlängern (kleinwüchsige Menschen). So kann man hören, dass das Wort mit *g* geschrieben wird.

• entfern**t**: Man kann das Wort verlängern (entfern**t**e Verwandte) und so das *t* am Ende hörbar machen.

• Me**ss**ung: Man kann das Wort nach Silben trennen (Mes-sung). So wird das Doppel-s hörbar.

• **S**chatten: Es kann ein Artikel vor das Wort gesetzt werden (<u>der</u> Schatten). Deshalb handelt es sich um ein Nomen, das großgeschrieben werden muss.

• **B**ehinderung: Das Wort hat die Nachsilbe *-ung*. Das ist eine typische Nomenendung, die darauf hindeutet, dass das Wort großgeschrieben werden muss.

124 a) Der Türke Sultan Kösen, der 1982 geboren wurde, ist 2,51 Meter groß, aber noch ein ganzes Stück entfernt von dem größten Menschen der Medizingeschichte.

b) Der bisher kleinste Mensch, dessen Größe jemals gemessen wurde, heißt Chandra Bahadur Dangi.

c) Chandra Bahadur Dangi bekam erst 2012 einen Eintrag ins Guinesbuch der Rekorde, weil er bis zu seiner Messung noch nie in der nepalesischen Hauptstadt gewesen war.

Lösungsvorschläge

125

Verben

1. leben	2. ziehen
Zeile: 1	Zeile: 6

Adjektive

1. große	2. kleine
Zeile: 73	Zeile: 73

Konjunktionen

1. da	2. und
Zeile: 91	Zeile: 99

Pronomen

1. sie	2. es
Zeile: 6	Zeile: 54

Präpositionen

1. in	2. auf
Zeile: 95	Zeile: 98

Adverbien

1. derart	2. immer
Zeile: 6	Zeile: 98

126 a) Großwüchsigkeit **gilt** gesetzlich nicht als Behinderung.

b) Eine Hormontherapie **wird** für manche Großwüchsige schwere Nebenwirkungen **haben**.

c) Der Amerikaner Robert Wadlow **starb** 1940 an einer Infektion.

d) Yao Defen **hatte** einen Sturz auf den Kopf **erlitten**.

127 *Probleme* (Z. 4): Schwierigkeiten
Wandel (Z. 18): Veränderung
addiert (Z. 44): dazugezählt

128 a) lokal
b) temporal
c) kausal

129 a) Großwüchsige haben ein <u>schweres</u> Leben.

b) Der Alltag <u>großwüchsiger Menschen</u> ist voller Tücken.

c) Das Zusammenleben mit <u>kleinwüchsigen</u> Menschen erfordert Rücksichtnahme.

d) Männer, <u>die größer als 1,95 m sind</u>, gelten als großwüchsig.

130 a) **1** Verbzweitsatz

2 Verberstsatz

3 Verbzweitsatz, Verbletztsatz

b) *Verberstsatz:* **Stößt** du oft am Türrahmen an?
Verbzweitsatz: Er **stößt** oft am Türrahmen an.
Verbletztsatz: <u>Weil er überdurchschnittlich groß **ist**</u>, stößt er oft am Türrahmen an.

131 a) Eine Hormontherapie kann Wachstum verhindern.

[X] Aktiv   [ ] Passiv

b) Zu viele Wachstumshormone werden ausgeschüttet.

[ ] Aktiv   [X] Passiv

132

	Genus	Numerus
Kleinwüchsigkeit	weiblich	Singular
Gewichtsprobleme	neutral	Plural
Hormone	neutral	Plural
Sturz	männlich	Singular

Lösungsheft zu
Best.-Nr. 8354001